无为

顺势而为的处世锦囊

雪蜀意◎编著

北方妇女儿童出版社
·长春·

图书在版编目（CIP）数据

无为 : 顺势而为的处世锦囊 / 雪蜀意编著.

长春 : 北方妇女儿童出版社, 2025. 3. -- ISBN 978-7
-5585-9271-3

Ⅰ. B223.15；C912.1

中国国家版本馆CIP数据核字第2025YK1537号

无为 顺势而为的处世锦囊
WU WEI SHUN SHI ER WEI DE CHU SHI JIN NANG

出 版 人	师晓晖
责任编辑	袁　铨
装帧设计	李东杰
开　　本	710mm×1000mm　1/16
印　　张	7
字　　数	60千字
版　　次	2025年3月第1版
印　　次	2025年3月第1次印刷
印　　刷	三河市南阳印刷有限公司
出　　版	北方妇女儿童出版社
发　　行	北方妇女儿童出版社
地　　址	长春市福祉大路5788号
电　　话	总编办：0431-81629600

定　　价　59.00元

前 言

当今社会，信息的过载使得人们时常处于一种高度紧张和焦虑的状态。每个人都在为未来奔波，却又时常在名为"繁忙"的泥沼中迷失自我。每天从清晨的第一缕阳光开始，我们被无尽的任务、责任和竞争推着前行，身心俱疲。我们在生活中渴望得到更多，却发现当这些目标接踵而至时，内心的空虚与不安并未得到填补。

与此同时，人际关系的复杂也让我们感到难以承受。社交网络让我们与世界紧密相连，然而深层的孤独却愈发显露。朋友间的若即若离、职场上的尔虞我诈，家庭中的矛盾隔阂，似乎都在提醒我们：虽然生活越来越"便利"，人与人之间的情感纽带却变得越来越脆弱。在这样的背景下，很多人开始反思自己所追求的一切：我们到底是在追求幸福，还是为了奔波而奔波？

在无数的信息和选择面前，我们常常感到迷茫，不知该如何行动。焦虑、空虚、浮躁，这些情绪如影随形，吞噬着我们的时间、精力和心灵。我们在追逐目标的过程中，常常忽略自我和生活的本质。这些困境并不是现代社会才有的，早在几千年前，古人便已经进行了深刻的反思。

如何走出迷茫，如何找到一条属于自己的生活道路，成为每个人亟待解决的问题。我们渴望平静，渴望简单，渴望一种不被外界纷扰所影响的智慧。而这份智慧，正是《道德经》要传递的。

《道德经》是我国古代哲学的经典著作之一，历经千年，至今仍被广泛传颂。它的核心思想是"无为"，"无为"并不是不作为，而是一种顺应自然、以柔克刚、通过最小的干预达成最大效果的智慧。老子提倡的"无为"是一种返璞归真的生活态度，主张在纷繁复杂的世界中保持内心的清明，从而达到与世界和谐共处的境界。

本书旨在深入探讨"无为"思想如何帮助我们应对现代社会的压力与困惑，如何在家庭、职场、人际关系、自我认知等方面找到一条更加从容、智慧的生存之道。本书将结合生活中的种种困境，帮助读者更好地理解"无为"思想。"无为"并非放弃，而是在合适的时机采取最有效的行动，让我们在众多选择中保持清醒的头脑，在无数纷争中保持内心的宁静。

本书并不是对《道德经》进行简单的复述，而是通过具体的分析和情景代入，探讨如何在现代社会中应用"无为"这一哲学智慧。在繁忙的工作中，如何以正确的心态应对压力；在复杂的人际关系中，如何通过"不争"的方式化解冲突；在家庭生活中，如何通过言传身教建立和谐的亲子关系。书中的每一个章节都将为读者提供有益的思考和实用的指导，帮助大家在当下的纷繁世界中，找到一条属于自己的"无为"之道。

希望通过阅读本书，能够让大家不再执着于外界的浮华，内心充实而有力，活出自在、智慧的自己。

目 录

第一章 悟透无为，做一个自在的处世者

第二章 交友之道，以和为贵

第三章 家庭关系，以慈为本

第四章 职场中，懂得以柔克刚

第五章 以知为度，把握好分寸感

第六章 以善为本，成就别人也成就自己

附录 《道德经》全文

第一章

悟透无为，做一个自在的处世者

1.为无为，则无不治：不是无为，而是顺其自然

为无为，则无不治。

——《道德经》第三章

《道德经》有言："为无为，则无不治"。这句话的意思是圣人按照"无为"的原则来做事，那天下间也就没什么是治理不好的了。

在老子的哲学体系中，"无为而治"这一思想占据着重要地位。这里的"无为"并不是"不作为"，而是指以最自然、最合适的方式来应对生活中的每一件事。

"人法地，地法天，天法道，道法自然。"如果说天道无常，万物皆有其规律，那么人就应该顺应天道，不强求、不妄动，这样才能事半功倍，获得好的结果。因此，老子的"无为"强调的是对事物内在规律的尊重，在行动上顺其自然，避免过度强求和人为干扰。

【纵观历史】

汉惠帝时期，曹参接替病重的萧何成为大汉相国。尽管他在治国

1

方面有着极高的才能，但却并未实行任何激烈的改革。他每天饮酒作乐，遵循萧何时期的政策，不做丝毫改变。汉惠帝曾经问他，为什么不采取一些改革行动，曹参答道："高祖与萧何定天下时，法令已经明了，陛下只需垂拱而治，百姓自然安定。"事实正如曹参所说，在他的治理下，大汉王朝进入稳定发展时期。

曹参的成功，就在于他贯彻了老子"无为而治"的思想。他沿袭前人的成功经验，不搞大规模改革，只对小问题进行修修补补，确保国家稳定发展，为自己赢得了极高的声誉。不过，现如今能够真正做到"无为"的人却并不多。

在当今社会，很多人都把自己逼得很紧，追求更多、更快、更好。工作中，想更快晋升、赚更高的薪水；生活中，渴望拥有更多的财富、更高的社会地位。过度追求的结果就是，很多人迷失了方向，甚至陷入无尽的焦虑之中。

在生活中，我们常常因为不断追求更多、更好而陷入困境。只有知道什么时候应该适可而止，什么时候应该放手，我们才能收获内心的平静。"无为而治"并非无所作为，而是放下心中的执念，允许事物有自己的节奏。

具体来说，要做到"无为"，我们可以从以下几方面入手。

首先，不要过分介入他人的事情，更别强迫别人按照自己的意愿行动。让别人有自己的选择空间，反而能促成彼此的合作。

其次，要适时调整自己的节奏，不让工作成为生活的唯一，只有懂得劳逸结合，才能享受生活的美好。

最后，面对一时的困境，与其焦虑，不如顺其自然，耐心等待事物发展的最佳时机。生活中的许多问题不必过于强求，静观其变，往往往能事半功倍。

当我们去除欲望与执念，顺应内心，便能在混杂中保持清明，在平和中找到自己的节奏，过得更加自在。

【学以致用】

河上公在为**"为无为，则无不治"**作注时进一步丰富了这句话的内容，他说：**"为无为，不造作，动因循。则无不治，德化厚，百姓安。"**意思是按照"无为"的原则做事，就是要顺其自然，一举一动都要遵循事物发展的规律。其实，生活中的"无为"就是学会给自己和他人留白，让一切顺其自然。

2.持而盈之，不如其已：悦纳自己的不完美

持而盈之，不如其已。揣而锐之，不可长保。

——《道德经》第九章

《道德经》有言："**持而盈之，不如其已。揣而锐之，不可长保。**"这句话的意思是非要追求盈满，那不如不行动。刀刃锤炼得再尖锐，也无法长久保持锋利。

老话说："人有悲欢离合，月有阴晴圆缺。"

"持而盈之，不如其已。"这句话表面上似乎是在讲物质的积累，实际上却深刻揭示了一种生活哲学：过度追求完美，会导致失衡，最终的结果，反倒不如不去追求。

"完美"是一个很诱人的目标，在这个竞争激烈的时代，每个人都在追求"完美"：完美的事业、完美的家庭、完美的外表，甚至完美的朋友圈。每当我们看到别人事业蒸蒸日上、家庭幸福美满、外貌光鲜亮丽，心中多少都会产生一丝焦虑：为什么我不能像他们一样"完美"？

但有真正的"完美"存在吗？在老子看来，当我们总是渴望更多、更好，试图将一切做到完美时，实际上是在违背自然的法则。事物的自然状态是平衡与和谐，一味地"盈"往往会导致"亏"。因此，"持而盈之"的完美追求，反而可能让我们失去很多本已拥有的东西。

【纵观历史】

一次，庄子在山中游历，走着走着，突然看到一棵奇特的树。它的枝干粗壮，叶片茂盛，但树形怪异，错乱丛生。庄子走近这棵树，看到它的样子不禁笑了，心想，这棵树长得如此难看，为何还能生长

得这么好呢？庄子好奇地问旁边的樵夫："这棵树怎么没人砍呢？"樵夫耸了耸肩，说："谁会去砍它呢？这棵树材质差，做不了梁柱，也做不了器具，实在没什么用。"

若是一棵挺拔的树，早就被人砍伐做他用了。正因为这棵树"不完美"，才得以避开所有的纷扰，活得悠然自得。

《道德经》中言：**"大成若缺，其用不弊。"**这句话意思是最完美的东西也会有所残缺，但它却可以永不衰竭。这里的"缺"是指一种适度的缺陷，这种缺陷让"大成"得以持续而不"弊"。

"大成"之人并非毫无瑕疵、完美无缺，而是因为他能够认识到，任何事物若过于完满，便容易失去灵动。正如一座雕塑作品，若其各处细节都很完善，反而会显得死板、呆滞。而适度的缺陷，却能使其更具生命力。

我们每个人都不是完美无缺的，在追求完美的过程中，我们不可避免地会遇到自我设限、失败。这些"不如意"恰恰构成了我们生命中的"空缺"。只有当我们学会接纳这些"不完美"，我们才能在缺陷中找到力量，在不完美中寻得平衡。正是这种"缺"与"盈"的相互作用，才让我们的生命变得丰富而有活力。

【学以致用】

"持而盈之，不如其已"，告诉我们要学会接受自己的不完美。在生活中，不要过度追求完美，而要学会在"缺"中找到光彩，在"盈"中保持心态的平和。完美与不完美，本来就如阴阳互补，彼此依存，无法分割。**"大成若缺，其用不弊；大盈若冲，其用不穷。"**这才是我们当有的生活态度：不因完美而迷失，不因缺失而消沉，始终保持内心的平和。

3.绝学无忧：小心钻进牛角尖

见素抱朴，少私寡欲，绝学无忧。

——《道德经》第十九章

《道德经》有言："见素抱朴，少私寡欲，绝学无忧。" 这句话的意思是回归淳朴本性，减少私心杂念，抛弃那些不必要的学问，就没什么忧患了。

"人皆养子望聪明，我被聪明误一生。惟愿孩儿愚且鲁，无灾无难到公卿。"这是宋代大文豪苏轼所作的《洗儿诗》。苏轼作为大才子，虽然才情出众，却深知过于聪明、机巧并非人生的最大财富。他通过这首诗，表达了对"聪明"的担忧，在他看来，"聪明"往往会带来烦恼与困扰，而不是快乐。

苏轼的思想正应和了老子"绝学无忧"的理念。这里的"绝学"并不是禁止学习，而是提醒我们要抛弃那些令人执迷不悟、无法获得真正自由的学问。这里的"学"并不是指所有的知识和智慧，而是指那些拘泥于表面、执着于形式、把知识当作攫取权力和地位的工具的学问。

在《道德经》里，老子并没有否定学问本身的价值，相反，他鼓励人们追求一种更为内在的智慧，那就是放下过度的执着和复杂的思维模式，回归到"无为"的自然状态。学习的目的是启迪心智，而不是成为别人眼中的"圣人"或"贤人"。那些只为名声、权力或财富而学习的学问是会让人迷失的，它们如同空中楼阁，根本无法给人带来真正的满足。

【纵观历史】

屈原被楚王放逐，心中郁结，决定去请教太卜郑詹尹。郑詹尹拿起占卜工具，问道："你要问什么？"屈原叹了口气，说："我是该忠诚直言，还是迎合权贵求生？我是该勤奋耕作，还是交游权势取利？我是该保持正直，还是顺从世俗苟且偷生？如今世道颠倒，贤士默默无闻，奸佞之人却得势，我该如何选择？"郑詹尹听后，放下占卜工具，说："万物皆有长短，智慧亦有局限，术数不能解答你的困惑。你要做的，是依照自己的信念去行事，不必寻求外界的答案。"

过度追求学问，反而容易让人陷入自我纠结之中，就像钻进了牛角尖一样，无法自拔。屈原的疑惑正是源于对自我学问、答案的固执追求，他心中有理想、有信念，却在现实中受到了无尽的困扰。尽管他忠诚正直，却在混乱的世道中迷失了方向。

反观那些淳朴的百姓，他们的世界简单而直接，每天忙于日常劳作，心中没有过多的纷扰和欲望。没有过多的知识，却能安然接受生活的每一面，每天吃饱喝足，劳作时专心，休息时自在。他们不与世俗争斗，不愤世嫉俗，心中无多虑，生活反而更加从容自在。

因此，在纷繁复杂的世界中，保持一颗清净的心，减少内心的贪欲、杂念，学会适应生活的起伏变化，才能做到无忧无虑，活得自在，活出真我。

【学以致用】

"见素抱朴，少私寡欲"，就是要学会减少内心的欲望，通过简化生活，降低对外界评价的依赖，回归内心的平静。减少无意义的内耗，专注于生活中真正重要的事物，才能活得更自在、更真实。

"绝学无忧"，就是要学会有选择性地学习，专注于对生活有帮助的知识，减少不必要的思维负担，保持灵活的思维方式，不为完美的答案所困扰，才能活得更加从容、自在。

4.不自见，故明：保持谦逊的心

不自见，故明；不自是，故彰。

——《道德经》第二十二章

《道德经》有言："不自见，故明；不自是，故彰。"这句话的意思是不固执己见，才能看清事物的本相；不自以为是，才能明辨是非。

人生在世，若不能认清自己，便无法在纷繁的世界中找到自己的位置，也无法让他人看清自己。

在老子看来，"自见"和"自是"是导致人们无法认清自己的原因所在。

"自见"的人常被自己狭隘的眼界所限，固守一己之见，无法从更高的角度看待问题。这样的人往往自信满满，却缺乏对他人观点的包容。这种固守自我，过分强调个人主张的态度，最终会让他们陷入偏见之中，无法认清自己。

与之相似，"自是"的人总认为自己的判断是正确的，不愿意接受他人的意见。这样的态度会让他们失去与他人沟通的机会，导致内心封闭，失去透过他人认清自己的机会。

那要如何才能认清自己呢？

答案是要拥有一颗谦逊自省的心。

【纵观历史】

王安石在《咏菊》一诗中写下"西风昨夜过园林，吹落黄花满地金"两句，描绘了秋风拂过菊花园的场景。苏轼见了，心中不以为然，他认为菊花生命力顽强，不会被风吹得满地都是，于是便加了两句："秋花不比春花落，说与诗人仔细吟。"调侃王安石写诗前应先调查一番，不能瞎写。

然而，苏轼被贬至黄州后，亲眼见到秋风吹拂下的菊花，花瓣纷纷飘落，一片萧瑟景象。这时，他才真正感受到王安石诗中的深意，心中顿生愧疚与敬佩。在与朋友交谈时，他多次承认自己的错误。

很多时候，在面对自己无法预料或并未见过的现实时，人们会产生傲慢和偏见，这正是"自见"与"自是"所带来的障碍。随着阅历的增长，有的人能够凭借谦逊自省来改正，而有的人则依然固执己见，不肯承认错误。

"知不知，上矣。不知知，病矣。" 在老子看来，知道自己有所不知的人是高明的；不知道却自以为知道的人是有问题的。无论年龄多大，阅历多丰富，没有谁能够知道世间的一切。当我们认识到这一点，内心便会变得谦逊，不会再轻易做出判断。

只有拥有了"不自见"的心境，我们才会不被狭隘的视野束缚；只有拥有了"不自是"的智慧，我们才能在纷繁复杂的人际交往中，找到与他人和谐相处的平衡点。人生的路上，唯有不断地自省，才能超越自我，发现更好的自己。

【学以致用】

"不自见，故明"，就是要学会宽容他人，在与他人互动时，学会放下自己的固执与偏见，从他人的角度看待问题。只有当我们不再认为自己是"对"的唯一拥有者，而愿意接受外界的反馈时，我们才能不断完善自身，拓宽视野。

"不自是，故彰"，就是要培养自省的习惯，对自己的思维和行为进行客观的审视。通过这种方式，我们能认识到自己的不足，发现哪些地方还需要改进，在不断地反思中成长，逐渐摆脱"自见"与"自是"的桎梏。

5.知足者富：想过什么样的生活由自己决定

知足者富，强行者有志。

——《道德经》第三十三章

《道德经》有言："知足者富，强行者有志。"这句话的意思是懂得满足的人是富有的，能够遵循大道并持之以恒的人是有志向的。

老话说："知足者常乐，能忍者自安。"

知足，意味着对现状心存感恩，明白自己的需求与欲望的边界。在现代社会，人们常常被诱惑所驱动，追求名利、物质和权势，似乎永远有做不完的事情和得不到的东西。人们总是在"如果有了更多的钱，更大的名气，更高的成就，就能……"的假设中追逐未来，却忽略了当下拥有的一切。

在老子看来，懂得知足的人才是真正富有的，这种"富"不仅仅是财富的积累，更是内心的充实与满足。知足也不是懒惰或放弃追求，而是一种心态，一种以平和的心态面对人生的态度。当我们不再一味地攀比，放下对外界标准的过度依赖，就会发现自己所拥有的已经足够美好。

【纵观历史】

汉代蜀地成都有一位高士，名叫严君平，以占卜为生，赚够了日常所需后，他便关门读书著述。当地富商罗冲家财万贯，十分钦佩严君平的才学，希望资助他出仕求官，以谋得日后的依靠，没想到严君平却说："我比你富有，怎能接受你的资助呢？"罗冲不解，反驳道："我家有万金，而你却家无余粮，怎么能说你比我富有？"严君平笑道："我在你家住过一晚，深夜你们还在讨论如何赚钱，这说明你们缺钱；

11

而我赚的钱落满灰尘还花不完，难道不是我更富有吗?"罗冲听后十分羞愧，此后再也不提资助的事了。

贫与富，不同的人有不同的标准。即使是富人，也常常感到物质不足，他们始终在追逐更高的目标，很难停下来享受已有的成就。而那些看似贫穷的人，却能够满足现状，享受眼前的安宁和美好，过着自认为非常富足的生活。

欲望是无穷无尽的，如果不能适当地调节心理，人永远无法在物质上获得真正的满足。这便是老子所说的**"祸莫大于不知足，咎莫大于欲得"**。不知足的欲望总是让人陷入困境，最终带来的是内心的空虚和痛苦。真正的满足必须从内心开始，从精神层面去寻求，而非得到财富和名声。

幸福并不是简单的物质堆砌，它更多的是源于内心的满足。若总是渴望着得不到的东西，我们便永远无法享受已经拥有的。当我们学会放下无尽的欲望，回归心灵的宁静时，才会真正体会到富足的含义。真正的富有是一种心态，一种超越外物的精神力量。

人想过什么样的生活是由自己来决定的。如果你懂得满足，感恩现有的一切，便能够在平凡的日子里找到自己的幸福。

【学以致用】

"知足者富"，就是要在生活中学会知足。不要被外界的"成功标准"所裹挟：别人说年薪百万才叫成功，你就觉得自己的收入不够，还需要继续拼命；别人说获得一定的社会地位才叫体面，你就觉得自己必须争取。这些标准真的适合你吗?如果你内心并不需要这些东西，那就要学会摆脱外界标准的束缚，找到自己的"幸福基准"。

第二章

交友之道，以和为贵

1.大小多少，报怨以德：如何做到以德报怨

为无为，事无事，味无味。大小多少，报怨以德。

——《道德经》第六十三章

《道德经》有言："为无为，事无事，味无味。大小多少，报怨以德。" 这句话的意思是把无为当作自己的处世原则，将无事当作自己要做的事，把无味的东西当作有味的东西，以小为大，以少为多，以德报怨。

"报怨以德"字面意思是用德行来回应怨恨。在老子看来，怨恨往往源于内心的执着与计较，而真正的智者则能以宽广的胸怀和慈悲的心态去化解这些矛盾。

在交友过程中，我们难免会遇到误解、争执甚至背叛。面对这些"怨"，如果我们选择以牙还牙、以怨报怨，只会让矛盾升级，友谊破裂。可如果我们选择以德报怨，用宽容、慈悲的心态去面对，说不定会另有一番天地。

从心理学上看，友情产生怨恨的根源往往是因为对朋友的期望过高，同时双方缺乏沟通，继而产生误会。所以，当我们对朋友的言行感到不满时，不妨先冷静下来，反思自己的期望是否合理，沟通是否充分。毕竟很多时候，怨恨并非来自朋友本身，而是源于我们内心的执念和偏见。所以，面对朋友的怨恨，保持内心的平和与宁静至关重要。

如果我们内心充满愤怒、怨恨和不满，就很难以道德和善良来回应他人的友情。相反，如果我们能够保持冷静和理智，用宽容和慈悲的心态去面对，就能够化解矛盾，让友谊得到修复。

【纵观历史】

管仲刺杀公子小白未果，后公子小白即位，史称齐桓公。齐桓公即位后，鲍叔牙向他极力推荐管仲，说管仲有经天纬地之才，对齐国的发展至关重要。齐桓公以德报怨，听从了鲍叔牙的建议，不计前嫌地重用管仲，并对他委以重任。管仲不负众望，实施了一系列内政改革，使齐国国力大增。随后，齐桓公在管仲的辅佐下，推行"尊王攘夷"的策略，九合诸侯，成为春秋五霸之首。

在交友时，以德报怨不仅体现在语言上，更体现在行动上。

当我们面对朋友的怨怼时，可以选择做一些善事来回应，比如主动帮助对方解决问题、给予对方支持和鼓励等。这些善行不仅能够化解怨怼，还能够增进友谊，让双方的关系更加紧密。在这个过程中，沟通是化解怨怼的关键。当我们感到不满时，应该主动与朋友沟通，表达自己的感受和想法，同时也要倾听对方的解释和回应。通过沟通，我们可以消除误解，增进理解，从而化解怨怼。

有时候，我们也需要学会适当吃亏。当朋友对我们有所误解或伤害时，如果我们能够选择宽容和原谅，而不是斤斤计较、耿耿于怀，不仅能够展现自己的大气和格局，还能够化解怨恨，赢得朋友的信任。

每个人的性格和习惯都不同，如果朋友之间的性格差异过大，很容易在日常相处中产生摩擦和矛盾。而以德报怨是一种高尚的品质和修养，是一种极高的人格魅力，也是一种积极向上的正能量。"报怨以德"能让友谊之树常青。

【学以致用】

"为无为，事无事，味无味"就是不断修炼内心、提升自我修养。面对朋友的误解或冲突时，首先要保持冷静和理智。不要被情绪左右，要学会用理性的方式去分析问题、解决矛盾。在冷静的状态下，更容易找到问题的根源，并采取合适的措施去化解误解和冲突。

"报怨以德"则是用德行来回应怨恨。当朋友对自己产生怨恨时，要用实际行动去证明自己的善意和真诚。主动帮助对方解决问题、关心对方的感受、给予对方支持和鼓励等，让对方感受到我们的温暖和关怀，从而增进彼此的友谊。

2.知者不博，博者不知：近朱者赤的智慧

> 知者不博，博者不知。
>
> ——《道德经》第八十一章

《道德经》有言："知者不博，博者不知"，这句话的意思是有真知的人未必知识广博，知识广博的人未必都拥有真正的智慧。

智者之所以成为智者，是因为他们懂得选择的重要性。

真正有智慧的人并不追求所谓的博学多才、面面俱到，因为过多的知识和信息有时反而会造成干扰，影响判断力和专注力。而那些看似博学的人，恰恰因为涉猎广泛，反而缺乏在某个领域的深入理解和独特见解。

【纵观历史】

郑众年仅十二岁便随父郑兴钻研《左氏春秋》，此后又广泛涉猎《周易》《毛诗》《周礼》等众多经典。由于读书面广、学识丰富，郑众在当时的上层社会中声誉极高。成为官员后，郑众在公务之余耗费巨大心力为《左氏春秋》作注，终得完成一部旁征博引的注释作品。彼时，另一位大名鼎鼎的经学家马融也打算为《左氏春秋》撰注，他仔细阅读了郑众的成品，觉得"郑众的注本广博而不精深。"于是，他将郑众的注本与另一位经学家贾逵的精深注解合并在了一起。

"博而不精"这个成语便来自上面的故事。在浩如烟海的学问面前，如果不懂得有意识地精挑细选、深入钻研，就容易流于浮泛。只有谨慎筛选、专注打磨，才能真正掌握有用的知识。

在现代社会，信息与资源的爆炸式增长为我们提供了前所未有的

学习条件和广阔视野。互联网技术让我们能轻松获得海量资料，在线课程、电子书、短视频科普频频出现。然而，这种"海量"的优势同时也带来了"泛滥"的隐患。如果没有甄别与聚焦意识，我们很容易在纷繁的信息中沉溺于表面印象，对知识只求略知一二却不加深探。结果是时间和精力都被大而空的知识流冲刷，难以沉淀出真正的知识底蕴。

在职场竞争中亦是如此。一些人列出长长的技能清单，看似涉猎广泛，实则每项浅尝辄止。这样的人在面对复杂难题时，常会因缺乏真正的专业深度而无从下手。相反，那些懂得在技术或专业领域深耕的人，虽知识面不如他人广博，却能在某一核心领域中达到内行与专家的水准。他们在解决问题时思路清晰、判断准确，可以更高效地给出务实而可行的方案。

无论是个人发展，还是职业成长，"知者不博，博者不知"的智慧在当下仍具现实意义。通过深耕优选，避免知识泛滥无序，我们才能在信息洪流中寻得内在稳定的锚点，不断获得真正有用的知识。

【学以致用】

"知者不博"就是强调智慧之人不能贪求知识的广博，而要精于选择。智慧之人并非拒绝学习或扩展见闻，而是能够识别哪些知识值得深入钻研。他们往往在一个领域里沉潜许久，融会贯通，最终成为那个领域的行家里手。

"博者不知"则是对那些追求知识广度而忽视深度者的警醒。有些人喜欢追求多而不追求精，这样反而会因为缺乏深度理解和内化，导致对事物的认知流于表面，难以触及本质。这样的博学往往让人在关键时刻缺乏判断力，容易被表象所惑，失去内心的定力与方向。

17

3.圣人之道，为而不争：警惕朋友间的攀比心

天之道，利而不害；圣人之道，为而不争。

——《道德经》第八十一章

《道德经》有言："天之道，利而不害；圣人之道，为而不争。"这句话的意思是宇宙的运行规律，是施恩于万物却从不损害它们；圣人的处世之道，是只帮助别人却从不与人争夺。

《道德经》中的"为"是指顺应自然、遵循内心的真实需求去做事；"不争"则意味着不与他人争名夺利，不陷入无谓的竞争与攀比之中。

在当今社会，攀比心理无处不在，它像一把双刃剑，既能激发人们的斗志，也能变成心灵的枷锁，让人在无尽的比较中迷失自我。尤其在朋友之间，攀比心往往更加隐蔽而具有破坏性，它悄然滋生，侵蚀着原本纯真的友情，让人们在追求物质与精神的满足中渐行渐远。老子认为，"圣人之道，为而不争"，为人们提供了一种超越攀比、回归本真的智慧。攀比心理在朋友间表现得尤为微妙，要想规避它，不能只靠朋友"克己"，还需要秉承一种近乎"道"的心态。

朋友之间的攀比心可能源于对物质财富的羡慕，也可能源于对社会地位、学识能力的追求。攀比心会影响个人的人生定位，增加精神压力，也会打乱个人的生活节奏，影响当前的发展以及今后的机会。当攀比成为朋友间交流的主题时，还会让友情变得功利而脆弱。

【纵观历史】

周瑜在居巢县长任上，因军粮短缺，向当地富户鲁肃求助。鲁肃没有嫉妒周瑜的才干，直接将一仓三千斛粮食赠予周瑜，这份深情厚

谊让两人结下了不解之缘。后来周瑜成为东吴名将，他始终不忘鲁肃的恩情，在孙权面前极力推荐鲁肃，使其得以施展抱负。在赤壁之战中，周瑜出任大都督，鲁肃担任赞军校尉，两人相互配合，最终大败曹军，保住了江东基业。周瑜临终前，更是举荐鲁肃接替自己成为大都督。他们不仅不攀不比，还互相成就。在二人的努力下，东吴呈现出一派繁荣的景象。

朋友相处时，应该将注意力放在个人成长上，当我们专注于自我提升时，自然而然地就会减少对他人的羡慕与嫉妒，从而避免陷入攀比的旋涡。朋友间相聚本不应当功利，如果将朋友圈和功利圈混为一谈，就很容易因为朋友的成功而备受打击，甚至滋生出嫉妒心理。

在物欲横流的社会中，我们很容易迷失方向，将物质财富、社会地位等外在因素视为成功的标志。其实我们应当问自己，想要的究竟是什么。如果想获得成功，那就不必妒忌朋友的成功，只要脚踏实地向目标进发即可。避免被外界的喧嚣干扰，才能坚定地走向自己的目标。

【学以致用】

"圣人之道"就是追求内心的平和与超脱，不为外物所动，不为名利所惑。 它意味着我们不应与他人争强斗胜，不要陷入无谓的竞争和攀比之中。幸福应当来源于内心的充实，而非物质的堆砌或地位的显赫。在面对朋友间的攀比之风时，我们要保持清醒的头脑，坚守内心的信念，不为虚荣所累，不为比较所困。

"为而不争"则是圣人之道在朋友相处中的具体实践。 在朋友间的交往中，我们要对个体差异保持尊重、理解和包容。当朋友与我们攀比，甚至产生嫉妒心理时，我们要尊重彼此的差异与选择，在朋友间营造出一种和谐、包容、支持的氛围，引导双方关系的正向发展。

4.天地不仁，以万物为刍狗：不要过多干涉朋友

天地不仁，以万物为刍狗；圣人不仁，以百姓为刍狗。

——《道德经》第五章

《道德经》有言：**"天地不仁，以万物为刍狗；圣人不仁，以百姓为刍狗。"**这句话的意思是天地不用仁爱干预万物，把万物看作稻草狗一般；圣人不用仁爱干预百姓，把百姓看作稻草狗一般。

老子在《道德经》中的哲学思想远不只对宇宙自然法则的深刻洞察，还包括了大量对人们自我成长完善的启发。

在朋友关系中，我们常常因为关心则乱，不自觉地想要干涉对方的生活与选择。我们试图以自己的价值观、生活方式去衡量、评判甚至改变朋友，却忘了每个人都在自己的人生道路上探索前行，有着不同的追求与选择。正如天地不会因为偏爱某一朵花而给予它更多阳光雨露，我们也不应因为自认为对朋友好而强行干涉朋友的生活，这只会束缚对方的成长，甚至破坏原本纯真的友情。

在朋友关系中，过多干涉往往源于我们自身的不足与不安。可真正的友情是建立在相互尊重、理解与支持的基础上的，我们应当学会放下对朋友的过度关注与控制欲，与朋友共同成长，相互激励，毕竟友情只有在自由与尊重中，才会更加历久弥新。

【纵观历史】

在刘备落魄时，徐庶毅然投奔，为刘备出谋划策，使得刘备连战连胜。可命运弄人，徐庶的母亲不幸被曹操俘虏，刘备深知徐庶的困境，他并未以恩情或大业相要挟，而是尊重徐庶的选择，含泪送别这

位挚友。刘备的行为让徐庶大为感动，他"走马荐诸葛"，并终身不为曹操献一计，以此全了自己对刘备的忠义。

在干涉朋友的事情中，情感问题无疑是"重灾区"。当朋友陷入感情纠葛时，我们经常会急于介入，试图以自己的经验、观点为对方指点迷津。可情感问题复杂而微妙，涉及双方的感受与选择。我们不应该干涉朋友的情感生活，而是应当给予朋友足够的尊重，让他们自己去面对、解决情感问题，我们在一旁默默支持、倾听即可。

此外，金钱问题是朋友之间另一个极易引发矛盾的敏感话题。有时候，我们可能会因为担心朋友陷入经济困境而借款，或是因为好奇朋友的经济情况而频繁追问对方，忽略了金钱原本就是个敏感的话题，我们要尊重朋友的自主决策权，避免过度干涉。

在友情中，我们应学会保持适当的距离与边界，尊重朋友的独立与自由。同时，我们也要不断反思与成长，学会放下对朋友的过度依赖和控制欲，这样才能让友谊更加牢靠。

【学以致用】

"不仁"就是要克制自己的控制欲，不要干涉朋友的选择。 朋友是独立的个体，有自己的过去，有专属于他的经历，很多事情都需要他独自面对。我们的经验再好，也不可能完美适用于每个朋友，懂得**"天地不仁，以万物为刍狗"**，才能用顺其自然的态度，获得朋友的尊重。

5.和其光，同其尘：与同事和谐相处

挫其锐，解其纷；和其光，同其尘。

——《道德经》第四章

《道德经》有言："挫其锐，解其纷；和其光，同其尘。" 这句话的意思是大道挫去万物的锋锐，化解它们的纠纷；调整它们的优点，让它们都有所缺陷。

在与人的交往中，和光同尘并不意味着蝇营狗苟，更不意味着同流合污，而是携手合作、携手共赢。老子强调的"和其光，同其尘"，在职场中展现得淋漓尽致。

在职场中，每个同事都有自己的专长和特色，或许擅长数据分析，或许精通市场营销，或许拥有丰富的行业经验。这些优点和光芒是同事们在职场中立足的根基，也是推动团队共同前进的重要力量。

而"和其光，同其尘"则意味着在团队中建立起一种良好的协作机制。我们应当明确每个人的职责和分工，确保每个人都能够充分发挥自己的专长和优势。同时，我们还应当加强沟通和协调，确保工作能够顺利进行。当团队出现问题时，我们应当共同承担责任并寻求解决方案，而不是相互推诿和指责。

我们应当以乐观的心态面对工作中的困难和挑战，以积极的态度影响和带动身边的同事。当团队中充满了正能量时，每个成员都能够感受到彼此的支持和鼓励，从而更加努力地投入工作中。

【纵观历史】

蔺相如因"完璧归赵"有功，被赵王封为上卿，地位超过了老将

廉颇。廉颇心生不满，多次扬言要羞辱蔺相如。蔺相如却以大局为重，屡次避让，不与廉颇起正面冲突。后来，廉颇得知蔺相如的良苦用心，深感愧疚，于是，他便脱下战袍，背上荆条，亲自到蔺相如家门前请罪。蔺相如宽容大度，两人相视一笑，前嫌尽释。从此，廉颇与蔺相如携手并进，共同为赵国效力。

在职场中，同事不可能完美无缺，他们或许会犯一些小错误，或许会在某些方面表现得不够出色，这些不足和缺点并不意味着他们就不值得尊重和信任。

在与同事相处时，我们应当学会包容同事的缺点，给予他们改正和成长的机会。当同事犯错时，我们应当以平和的心态进行沟通和提醒，而不是一味地指责和批评。通过这样的方式，我们不但能帮助同事认识到自己的错误并加以改正，还能增强彼此的信任。

同时，我们还要尊重每个同事的个性和特点，避免因为个人的喜好或偏见而排斥或疏远他人。当团队中出现分歧和争议时，我们应当以开放的心态倾听他人的意见和想法，寻求共识和解决方案。同事们若能相互尊重、包容和信任，团队就能够形成一股强大的合力，共同应对各种挑战和困难，而这就是老子所提倡的大道。

【学以致用】

"和其光"就是在与人相处时，要能够欣赏并接纳他人的优点和光芒。在与同事相处时，我们应当学会尊重差异，欣赏同事的优点，而不是一味地挑剔和指责。当同事取得成绩时，我们应当给予真诚的祝贺和鼓励；当同事遇到困难时，我们应当伸出援手，共同面对问题。

6.夫轻诺必寡信：不要相信轻易就许诺的人

夫轻诺必寡信，多易必多难。

——《道德经》第六十三章

《道德经》有言："夫轻诺必寡信，多易必多难。" 这句话的意思是轻易许诺，势必会减少信用度；把事情看得容易，势必会遭遇更多困难。

顾名思义，"轻诺"就是轻易地、不假思索地做出承诺。这种行为背后，往往隐藏着以下几种不良的心态。

首先是缺乏责任感和担当精神。轻易许诺的人，往往没有充分考虑自己的能力和实际情况，就盲目地做出承诺。他们缺乏对自己言行的负责态度，往往只图一时之快，而不顾及后续可能带来的后果。

其次是追求短期利益的心态。有些人轻易许诺，是为了迎合他人的需求或期望，以换取某种短期利益或好感。他们往往只关注眼前的得失，而忽视了长远的利益和信誉。

最后是缺乏自信和自知之明。这类人往往对自己的能力和实力缺乏清晰的认识，容易在冲动之下做出超出自己能力范围的承诺。他们缺乏对自己言行的把控力，往往难以兑现自己的承诺。

轻易许诺的行为会对承诺者本人造成负面影响，还会对与之交往的人产生诸多危害。正如《道德经》中所说，"夫轻诺必寡信"，信任是人际交往的基石，而轻易许诺的人往往难以兑现其承诺，这种行为会严重损害自己的信用。一旦信用丧失，再想重建就会变得异常困难。

【纵观历史】

季布是项羽帐下的一员大将，他勇猛善战，多次让刘邦陷入险境。刘邦称帝后，下令追捕季布，并悬赏千金，然而季布在逃亡过程中，却得到了许多人的庇护和帮助。原来，季布一向言而有信，只要是他承诺过的事情，无论多么困难，都会竭力去完成。他的这份诚信赢得了人们的广泛尊敬和信任，大家都愿意帮助季布躲避抓捕。在一位老友的帮助下，季布还获得了觐见刘邦的机会，最终被刘邦赦免并重用。

当他人轻易地做出承诺时，被承诺者往往会基于这些承诺而产生某种期望。然而，当承诺无法兑现时，被承诺者就会感到失望和沮丧，这种情绪上的落差会对被承诺者的心理造成一定的伤害。

在与人交往的过程中，我们要注意勿"轻诺"，也要注意识别他人的承诺是否可信，不要相信那些轻易许诺的人。

比如，我们可以观察对方的言行是否一致，一个值得信赖的人往往不会轻易做出承诺，但一旦承诺了就会全力以赴地去实现。再如，我们可以了解对方过去的信誉记录，以此来判断对方是不是一个言而有信的人。我们要学会设定合理的期望和边界，不要过分依赖他人的承诺和保证，以避免被轻易许诺的人所利用或伤害。

一个人的信誉和口碑是其在社会中立足的重要资本，"轻诺必寡信"，与君共勉。

【学以致用】

"轻诺必寡信"提醒人们要保持理性和警觉。在与人交往时，不能被表面的言辞和承诺所迷惑，而应该通过深入的观察和了解来判断一个人的真实品质和信誉。同时，我们也要避免自己成为"轻诺"的人，良好的口碑是我们处世的根本。

第三章

家庭关系，以慈为本

1.天道无亲，常与善人：积善之家，必有余庆

天道无亲，常与善人。

——《道德经》第七十九章

《道德经》有言："有德司契，无德司彻。天道无亲，常与善人。"这句话的意思是品德高尚的人就像手握契约却不向人索取债务的圣人一样宽容，品德低下的人则像主管税收的官吏一样苛刻。大道从来不会偏向于谁，它总是会帮助那些与人为善的好人。

家是每个人的归宿，也是人们情感的依托。如何让家庭关系更和谐、更幸福，一直是人们所追求的目标。

老子在《道德经》中提出**"天道无亲，常与善人"**，强调天地的规律没有偏私，唯有善良之人才能获得福报。家庭成员若都以善为本，互相扶持，家庭和谐之风便能长存，所谓"积善之家，必有余庆"说的也是这番道理。无论是教导子女要孝顺，还是关心伴侣的冷暖，这些善意的举动就像涓涓细流，润泽家庭，可以为家庭成员带来福报。

【纵观历史】

司马池在担任杭州知府时，同僚张从革的亲戚犯了错，身边有人建议他借机揭发，打压张从革。司马池却坚决地拒绝了，他宁愿放弃个人利益，也不愿做落井下石之人。这种仁爱善良的家风深深影响了司马光，使他在政坛上始终与人为善。即使与苏轼等人政见不同，司马光也没有利用手中的权力行不善之事。苏轼等人也对司马光的为人钦佩不已。

在当今社会，家风的传承尤为重要，"善"不仅是家庭兴盛的根基，也能给后代留下宝贵的财富。一个家庭的家风犹如一座灯塔，规范着家庭成员的行为，影响着他们的为人处世。家风通过代际传承，会形成深远的影响力。

《资治通鉴·汉纪》有载，太傅邓禹曾说："我手下管理着数百万兵勇，却从未错杀过一个人，我的后世子孙必定会因此而获得福报。"邓训是邓禹的儿子，为人忠勇仁义，功勋卓著，他曾劝说汉章帝放弃修建漕运工程，使得数千民工免于苦役。邓训的善举，在自己的女儿身上得到了回报，他的女儿邓绥15岁嫁给东汉第四位皇帝汉和帝，后又晋升为皇后。汉和帝驾崩后，邓绥临朝听政，挽狂澜于既倒，为东汉王朝成功续命。

一个以"善"为本的家庭，成员之间互相关怀、互相支持，形成紧密的情感连接。在这样的家庭氛围中，每个人都能感受到关怀与温暖。在这样的家庭长大的孩子，不仅能拥有更加健康的人际关系，也能在社会中取得更多成绩。

良好的家风通过长辈的言传身教，会逐渐内化为家庭成员的行为准则，影响他们处理事务、对待他人的方式。东汉邓氏一族的传承说明，善良的家风能够让家庭的每一代人都沐浴在福泽之中。

【学以致用】

既然**"天道无亲，常与善人"**，那便要学会与人为善，具体要如何做呢?《道德经》中有言:**"善者，吾善之；不善者，吾亦善之，德善。"**老子认为，我们对待善人与不善之人要一视同仁，都要用自己的善良和德行去对待、感化他们，而不应以严刑峻法去强行矫正。

因此，面对家庭中的矛盾或家庭成员的错误，最好的方法是保持冷静和耐心，而不是急于批评、指责。例如，当孩子犯错时，家长可通过询问的方式，帮助孩子意识到自己的错误，而不是直接批评、惩罚。通过温和的方式，孩子更能感受到家长的关爱，更容易主动改正错误。

2.我有三宝：慈爱是家庭关系的基石

> 我有三宝，持而保之：一曰慈，二曰俭，三曰不敢为天下先。
>
> ——《道德经》第六十七章

《道德经》有言："我有三宝，持而保之：一曰慈，二曰俭，三曰不敢为天下先。慈，故能勇。" 这句话的意思是我有三件宝物，长久以来一直用心守护、保存：一是慈爱，二是节俭，三是不敢处于天下人前面。一个人只有慈爱，才能勇敢。

"慈"作为《道德经》中所说的"三宝"之一，意味着无条件的爱与宽容，它是一种无私、包容的爱，超越了一切功利的欲望和自私的考量。在家庭中，慈爱是维系成员之间关系的黏合剂，是家庭和谐与幸福的基石。

老子将"慈"列为三宝之首，不仅仅因为慈爱本身的可贵，更因为慈爱是所有美德的根基。**"慈，故能勇"**，这是说只有心怀慈爱的人才能拥有真正的勇气。这种勇气不是依靠绝对的力量，而是源自内心的宽容。这种勇气将会为整个家庭带来改变。

【纵观历史】

魏国有一位慈母，她有三个亲生儿子，丈夫死后，她嫁给了芒卯。她尽心照料芒卯前妻所生的五个孩子，但这些孩子始终不喜欢她。后来，芒卯前妻的一个儿子触犯了魏国法令，被判处死刑。慈母为救他四处奔走，身心疲惫，消瘦了许多。有人问她，既然继子们不喜欢她，为什么还要为他们操心？慈母说："即使他不是我的亲生儿子，我也有责任去救他。作为继母，我应当如同生母一般去爱护他们。"

魏王被慈母的仁爱所感动，决定赦免她的继子。此后，五个继子被慈母的慈爱所打动，一家人的关系逐渐和谐。最终，八个孩子在慈母的教导下都成了有用之才，为魏国立下赫赫战功。

慈母不偏袒自己亲生的孩子，而是平等地对待所有孩子，无论是亲生儿子还是继子，她都给予同等的关爱。这种无私的慈爱打破了血缘的束缚，也消除了继母与继子的隔阂。

"慈"并不仅仅是爱的表现，还是一种态度、一种为他人着想的心态。家长的慈爱不仅要体现在对孩子的呵护上，更应体现在对伴侣、对长辈、对每个家庭成员的包容与理解上。正是通过这种无条件的爱，家庭中的每个人才会有归属感，从而使得家庭成为真正的温暖港湾。

那么，具体要如何做，才能让家庭变成温暖的港湾呢？

首先，作为父母，无论孩子遇到什么挫折或失败，都应给予他们充分的关心。无论孩子的表现是否符合自己的期待，父母的慈爱永远不能变，这种爱能够让孩子更有勇气去面对挑战。

其次，作为伴侣，与另一半发生分歧时，要保持宽容的态度，多站在对方的立场上想一想，避免冲动和过激的反应。夫妻之间的争执应该用慈爱去化解，而不是一味指责，最后以冲突收场。

最后，作为子女，要在情感上给予长辈足够的关怀，而不是单纯的物质支持。多一些耐心，少一些急躁，多一些倾听，少一些指责。

慈爱并非高高在上的道德要求，而是我们每一个人内心最柔软的部分。它不是表面上的"做作"，而是通过真诚与理解，细水长流地浸润我们与家人的关系。愿你我都能在慈爱的教化中，找到那份从容，化解家庭生活中的纷争，创造出更加和谐美好的家园。

【学以致用】

《道德经》中说:"**夫慈，以战则胜，以守则固。天将救之，以慈卫之。**"这是说，如果将慈爱用于作战，那必定能够取得胜利，用于防御，则可以巩固防守力量。当上天要拯救一个人时，一定会用慈爱来呵护他。如此看来，想要让家庭成员变得更好，家庭关系变得更融洽，就少不了"慈爱"的助力。

3.是以圣人处无为之事，行不言之教：身教重于言教

是以圣人处无为之事，行不言之教。

——《道德经》第二章

《道德经》有言："是以圣人处无为之事，行不言之教。" 这句话的意思是圣人在处事方面，通常会采取"无为"的做法，不用发号施令的方式去教化他人。通过无言的方式，行教化之事。

老子认为，圣人在处理事务时，常常采取"无为"的态度，既不急功近利，也不轻易发号施令，而是通过无言的行动来达到教化的目的。这并非消极的放任，而是一种通过自我修养与行为示范来引导他人的方式。在老子的眼中，真正的"教"不用空洞的言辞，而是要通过自身的行动，悄无声息地影响他人。

在家庭中，作为父母或长辈，往往会通过"言教"来教育子女，希望他们能听从教诲，做正确的事。但很多父母忽略了一个事实：孩子不是听从指令就能成长的，他们更多的是通过观察和模仿父母的行为，来内化那些潜移默化的道理。

这也就意味着，言教虽有必要，但身教的影响更为深远。正如老子所言，圣人通过"无为"的方式，行"无言之教"，如此方能达到好的效果。

【纵观历史】

曾子在楚国做官时，生活条件得以改善，吃到了以前难以品尝到的美食。一天，曾子的妻子做了生鱼片，曾子的母亲生前非常喜欢吃这道菜。当妻子把生鱼片端上桌时，曾子吃了一口，突然泪如雨下。

他想起了早已去世的母亲，觉得自己无力再为母亲奉上一口美食。于是，曾子深感愧疚，发誓再也不吃生鱼片了，因为每一次吃它，都会让他想起母亲，勾起无法言表的悲痛。曾子的儿子见父亲如此，感受到了父亲对祖母的深厚感情，也决定不再吃生鱼片。

在曾子这里，孝顺父母不是一句空洞的口号，而是通过生活中实实在在的行动来体现的。他用自己的行动为孩子树立了榜样，让孩子真正理解了"孝"的意义。

在《道德经》中，老子还提到了圣人"行不言之教"的具体做法：**"万物作焉而不辞，生而不有，为而不恃，功成而弗居。"** 这句话的意思是圣人让世间万物按照自己的规律生长，任其自由发展而不强加干涉，它生养万物却不占有它们，培育万物却不借此炫耀自己的能力，成就万物却不将功劳揽到自己身上。

父母如果希望孩子自律，单纯通过言辞教育和严厉管束是无法达到效果的。相反，父母若能通过自身的行动体现出自律，比如每天定时工作、按时休息、合理安排时间，孩子自然会受到影响，逐渐形成自我管理的能力。

父母如果希望孩子学会关爱他人，单单告诉孩子"要关心别人"是不够的。父母应该自己在家里、社区或职场中，主动帮助他人、尊重他人。父母不需要做过多的解释，孩子自然能从父母的举动中了解"关爱"这种行为的真正意义。

家庭教育不是一个强制性的过程，而是一个潜移默化的过程。父母的行为不是为了展现自己的"伟大"，而是为了影响和滋养孩子，让孩子朝着正确的方向发展。

【学以致用】

圣人**"生而不有，为而不恃，功成而弗居"**，所以父母在教育孩子时，不应强行干预或急于求成，而应给予孩子成长的空间和自由，对他们引导而非控制。家长应该像圣人那样，悄无声息地培养孩子的品性和能力，让孩子在不被束缚的环境中，逐渐朝着正确方向发展。在这个过程中，身教的作用要远大于言教。

4.不尚贤，使民不争：懂得平等对待每位家人

不尚贤，使民不争。

——《道德经》第三章

《道德经》有言："不尚贤，使民不争。不贵难得之货，使民不为盗。不见可欲，使民心不乱。" 这句话的意思是圣人依据"无为"的原则来做事，不推崇贤德有才之人，百姓就不会争名夺利；不把稀有的珍宝看得太珍贵，百姓就不会因为想要得到珍宝而沦为盗贼；不将引发贪欲的东西展示出来，百姓的内心就不会被扰乱。

古人治国，多提倡"选贤任能"，通过推荐贤德之人来选拔领导者，以求社会安定和国家兴盛。那么，老子为何会在《道德经》中提出"不尚贤"的观点呢？是因为他认为过度推崇贤能容易引发社会竞争、权力争斗。个体为了争夺名利与地位会失去内心的平和，从而引发不必要的社会动荡和矛盾。

在家庭教育中，父母若能遵循这一原则，平等对待每一个孩子，家庭的关系就能更加和谐，孩子们也能够在宽松的环境中，培养出自信、合作和责任感。

【纵观历史】

孔子的门下有一名学生，叫冉雍，家境贫寒，父亲曾因盗窃入狱，母亲去世。继母听说孔子收徒不收费，便让冉雍去求学。冉雍的父亲是小偷，其他学生对他心存偏见，私下里怀疑冉雍会像他父亲一样走上歧路。

一天，孔子带学生们郊游，路上看到一头小牛，这头小牛毛色赤

红，双角整齐，学生们认为它适合用作祭品。孔子却故意说道："小牛虽好，但它母亲的毛色很杂，所以小牛也不适合祭祀。"学生们不认同孔子的这个观点，孔子趁机反问："既然杂毛的母牛都能生下俊美的小牛，为什么小偷不能有正直的子孙呢？"这话让学生们意识到孔子是在借小牛暗示冉雍，那些曾经嘲笑过冉雍的人意识到自己的错误后，都羞愧地低下了头。

在上面的故事中，孔子以小牛的故事教育弟子，不论身份背景如何，每个人都有改变命运的机会，教书育人就要"有教无类"，平等对待每一个求学的人。正是这种平等的教育思想，打破了当时贵族对教育的垄断，也为后来的教育平等奠定了基础。

在家庭生活中也应该贯彻平等原则。父母应该用平等的心态对待每个孩子，无论孩子的性格、能力如何，都应该给予他们同等的关爱，如生日礼物的选择、家庭活动的安排、零花钱的分配等，都应均衡考量，避免让某一个孩子感到被忽视。当孩子们发生争执时，父母应公正地评判，不偏袒任何一方。在处理争端时，要以教育为目的，而非简单地裁决谁对谁错。

另外，平等的理念也应延伸到夫妻关系中。家庭是一个小社会，夫妻之间相互尊重和平等分担责任是家庭和谐的基础。在分担家务、照顾孩子上，夫妻之间也要做到平等与尊重。比如，丈夫下班回家后应主动承担家务；妻子也可以在丈夫遇到工作上的难题时，为他分担一点儿压力。这样，不仅能促进夫妻之间的关系，也能给孩子树立良好的榜样，培养他们对平等和尊重的认知。

如果父母能够做到平等对待每一个家人，孩子会在这样的环境中茁壮成长，成为有责任心、有爱心的人。而这样的家风也会传承到下一代孩子身上，代代相传。

【学以致用】

老子的**"不尚贤，使民不争"**并非否定贤能之人的价值，而是提醒我们，不应过分推崇某些个体。若过度推崇，反而会造成攀比和争斗。只有平等看待每个人的独特之处，才能更好地促进社会和谐，避免因竞争而造成的内耗。

5.物或损之而益，或益之而损：始终保持一颗平和的心

故物或损之而益，或益之而损。

——《道德经》第四十二章

《道德经》有言："人之所恶，唯孤、寡、不穀，而王公以为称。故物或损之而益，或益之而损。" 这句话的意思是世人最厌恶的就是沦为"孤、寡、不穀"，但王侯们又常常以此自称。所以说，世间的很多事看上去是减损了，其实是增加了；有些事看上去是增加了，其实是减损了。

老话说："塞翁失马，焉知非福。"

世上的万事万物都存在对立统一的关系。我们常常下意识地认为有损失就是负面的，而有收益就是正面的，但在老子看来，事物的损益常常互相依存、彼此转化。在某些情形下，表面上失去了某些东西，但却可能得到更大的内在增益；相反，表面上看似获取了许多利益，但却可能隐藏着不可预见的损失。

【纵观历史】

春秋时期，楚国贤臣孙叔敖在临终前将儿子叫到床前，说道："我去世后，大王可能会赐给你土地，你不要选择那些富饶肥美的地方，而是要选择一个叫寝丘的地方。虽然那里荒凉、贫瘠，名字也不好听，但正因如此，那块地方没有人争夺，也不会引来嫉妒，能让家族长久稳定地延续下去。"

孙叔敖去世后，楚王果然想把一块富庶的土地赐给孙叔敖的儿子，但他的儿子谨记父亲的遗训，婉拒了肥沃之地，反而请求偏僻的寝丘。

就这样，孙叔敖的后代避免了争夺与纷扰，得以在寝丘安居乐业。

孙叔敖放弃了丰饶的土地，选择了贫瘠之地，看似是一种"损失"，却因此换来了家族的长久安定。这正是老子所说的"物或损之而益，或益之而损"的道理。

在家庭生活中，常常会遇到各种无法预料的变化，比如财务上的波动、情感上的冲突等。我们若能以平常心对待，便可以在事情发生时不至于过分迷茫，或陷入情绪波动之中，避免引发家庭矛盾。得与失、荣与辱都是生活的一部分，能否以平和之心去面对，直接影响着家庭的和谐与否。

快节奏的生活，让"拼命挣钱，玩命加班"成了成年人的日常。然而，这看似为了"益"而付出的努力，有时反而会带来更多的"损失"。为了挣钱拼命工作，长期处于疲劳和压力中，可能让我们身体透支，进而导致健康问题。健康出了问题，不仅工作效率会下降，家庭也可能出现问题。因此，我们需要学会做出取舍，在赚钱和健康之间做好平衡，赚钱是重要，但健康才是最根本的。

在夫妻关系中，关于"谁对谁错"的争论也是一个"损益"问题。我们应该学会适时"损"掉一些个人的欲望和坚持，多关注一下对方的感受和需求。夫妻双方可以在一些小事上适当妥协，不必为了面子而争执。表面上，这样做似乎"失去了自己的立场"，但实际上夫妻关系却能在相互理解中变得更稳定。

在生活中，有所得必有所失，有所失亦必有所得。只有保持平和的心态，方能真正体会到生活的美好。

【学以致用】

"物或损之而益，或益之而损"告诉我们，面对得与失的心态，决定了我们对待生活的方式。如果我们一味地追求"益"，可能会让自己陷入无休止的欲望之中，徒增烦恼；如果我们学会在适当的时候"损"，懂得适可而止、知足常乐，反而能够获得内在的平和。**"祸兮福之所倚；福兮祸之所伏"**，面对得失，只有学会保持平常心，才能不被一时的得失所左右。

第四章

职场中，懂得以柔克刚

1.拒绝职场内耗：从无为而无不为开始

道常无为而无不为。

——《道德经》第三十七章

《道德经》有言：“道常无为而无不为。”这句话的意思是大道永远是清静无为的，然而却又成就了万事万物。

在现代职场中，内耗已成为许多企业和团队面临的隐形杀手。

无谓的竞争、烦琐的会议、低效的沟通……这些看似微不足道的细节，却在无形中消耗着团队的能量，阻碍着企业的发展。

那么，我们要如何打破这一困境，营造高效、和谐的工作环境呢？答案很简单，就是运用《道德经》中“无为而无不为”的思想，以不变应万变。

“无为而无不为”运用到职场中，并不是无所作为，而是强调一种超越世俗纷扰，回归自然与本真的生活态度和工作方式。这意味着我们要摒弃那些不必要的争斗和消耗，专注于真正有价值的工作，实现个人与团队的共同成长。

【纵观历史】

在汉初社会经济凋敝的情况下，汉文帝立足于现实，不搞政治运动，不进行经济干预，而是以宽松政策促进市场繁荣和生产力恢复。他遵循旧制，严格执法，让百姓能适应新的朝代，但同时轻缓惩罚，并推行低赋税、开放经济等政策，调动民间资本的积极性。在军事和政治上，他采取和亲与克制策略。在汉文帝的领导下，汉初呈现出了和平、稳定的繁荣景象。

在职场的舞台上，有力量、有魅力的领导往往不是那个事事亲为、指手画脚的"有为者"，而是像汉文帝那样懂得顺应人性、尊重个体的"无为者"。

老子提倡的"**圣人无常心，以百姓心为心**"，就是让领导者懂得，高位者应当倾听团队的声音，理解他们的需求与担忧，而非仅凭个人意志一意孤行。

要知道，职场中的内耗往往源于领导者的野心，而领导者的野心则会为整个团队带来无谓的竞争。为了争夺有限的资源或职位，同事们可能不择手段，甚至相互拆台。这种竞争不仅破坏了团队的凝聚力，还严重阻碍了工作的进展。所以，领导者应当倡导合作共赢的理念，鼓励团队成员之间协作互助，通过共享资源、分担任务，实现个人与团队的双赢。

在纷繁复杂的职场环境中，内耗如同一道无形的枷锁，束缚着团队的发展与进步，但秉承"无为而无不为"的态度，却能够让团队在轻松愉快的氛围中稳步前行。

如此，何乐而不为呢？

【学以致用】

用"不欲以静"的智慧，精简会议流程，提高沟通效率。烦琐的会议是职场内耗的另一大源头。冗长的会议不仅浪费了宝贵的时间，还可能导致决策效率低下。此时，我们不妨用**"不欲以静"**的智慧，精简会议流程，明确会议的目的和议程，确保每次会议都能产生实质性的成果。

用"无为而无不为"的态度，摒弃烦琐事务，聚焦核心价值。在职场中，我们很容易被各种烦琐的事务所牵绊，从而失去对核心工作的关注。此时，我们不妨拿出**"无为而无不为"**的态度，学会甄别和筛选工作，将精力集中在那些能够产生最大价值的核心任务上。通过优化工作流程、委托或自动化处理琐碎事务，我们可以释放出更多的时间和精力，去专注于那些真正重要的事情。

用"万物将自化"的格局，培养信任文化，减少内耗。信任是团队合作的基石。缺乏信任的环境会导致团队成员之间的猜疑和防备，进而增加内耗和摩擦。身为领导者，我们需要打开**"万物将自化"**的格局，努力培养同事之间的信任，鼓励团队成员之间坦诚交流、相互支持。通过定期的团队建设活动、透明的决策过程以及公正的绩效评价体系，可以建立起团队成员相互信任的工作氛围，让团队成员能够心无旁骛地投入工作。

2.致虚极，守静笃：认清本质，不再迷茫

致虚极，守静笃。万物并作，吾以观复。

——《道德经》第十六章

《道德经》有言："致虚极，守静笃。万物并作，吾以观复。"这句话的意思是心灵达到空明虚无的境界，就会拥有清静自守的状态。在万物蓬勃生长时，要以虚静之心观察万物生死循环的规律。

俗话说："世事洞明皆学问，人情练达即文章。"

在复杂的职场环境中，每个人都在寻求立足之地与发展之道。老子所倡导的**"致虚极，守静笃"**是修身养性的哲学境界，也是职场智慧的高度体现。它能让我们在喧嚣中寻得内心的宁静，也能让我们在浮躁中保持清醒的认知，从而在职场的波涛中稳健前行，不再迷茫。

作为职场人，我们一定要懂得风险管理，遇事保持冷静，不急于做出决策。先通过深入分析、评估风险，再决定行动方案，这样才能有效降低失败的概率。同时，我们在面对强大的对手或复杂的局面时也要保持定力，不被短期利益或情绪所左右，坚持长期战略目标。

【纵观历史】

司马懿在面对诸葛亮这位智谋超群的对手时，选择了隐藏实力，不轻易出头，不轻易表露自己的意图。他通过"守静"来分析和判断局势，不被外界的舆论以及部下的急迫所影响。当将领们纷纷要求出战时，司马懿却选择了"以静制动"，这才避免了因盲目行动而遭受的损失。

在认清事物本质的同时，我们还需要具备敏锐的洞察力和快速的

反应能力。这就意味着我们要不断学习，提升自己的知识储备，增强对信息的敏感度和处理能力。只有这样，我们才能在复杂多变的职场环境中迅速捕捉到关键信息，做出准确的判断，从而避免不必要的祸患。

我们要学会"知"，即了解事情的本质规律，洞察人心的微妙变化。在职场上，很多时候祸患并非来自外部，而是源于内部的人际纷争和误解。因此，我们需要学会倾听，学会观察，学会分析，通过周密的思考，判断出祸患的根源，从而采取相应的措施去化解。

人们常说，读了《道德经》就能了解"道"，但事实上，老子的文字只是指向"道"，它的本身并不是"道"。"致虚极，守静笃"更像是一把钥匙，一个能将我们引向"道"的方向标，至于如何在职场中运用它，还是要根据实际情况来定。

当你因为内卷而苦恼，因为内耗而迷茫时，不妨用"致虚极，守静笃"来做个尝试。尝试在喧嚣中保持宁静，在复杂中寻求简单，在挑战中抓住机遇，这样才能保持一颗平和而专注的心，更从容地面对职场中的每个问题、每个挑战。

【学以致用】

"致虚极"，就是指让内心达到"不为外物所扰，不被欲望所驱"的状态。在职场上，要求我们学会放下个人的偏见与情绪，以客观、公正的态度去审视每一个问题。当我们不再被个人的利益得失所束缚，便能更加清晰地看到事物的本质，做出更为理性的判断。这种超脱的态度使我们能平等地对待同事、领导乃至竞争对手，这样才能以更加开放的心态去学习和成长。

  "守静笃"，则是强调了内心的平静与专注。 在快节奏、高压力的职场生活中，保持内心的宁静显得尤为重要。它要求我们学会控制自己的情绪，不被外界的变动所影响，坚守内心的原则与信念。"守静"并非逃避，而是在深思熟虑后做出的最佳选择，是在纷繁中寻得一片净土。

3.自胜者强：勇敢克服"职场羞耻症"

知人者智，自知者明。胜人者有力，自胜者强。

——《道德经》第三十三章

《道德经》有言："知人者智，自知者明。胜人者有力，自胜者强。"这句话的意思是如果你能识透别人，那说明你有智慧，如果你能识透自己，那说明你很明智。如果你能战胜别人，说明你是有力量的人，如果你能战胜自己，那你就是真正的强者。

想要在职场中游刃有余，想要做一个自在的职场人，你不仅要战胜别人，更要战胜自己，做一个内心强大的人。只有内心足够强大，才不会焦虑，才不会有"职场羞耻症"。

所谓"职场羞耻症"并不是一个严格的医学术语。这个叫法是用来形容职场人在特定情况下所产生的一种特殊症状，比如，想请假、想涨工资、想辞职时，就会莫名感到羞耻、不安，最后因为不自信或者太过在意他人的看法，而不好意思提出自己合理诉求。

患有"职场羞耻症"的人，当有事想跟领导请假时，心里可能会想：我请假会不会给领导留下一个不好的印象？会不会影响未来的晋升？同事还在忙，我请假会不会影响不好？如果公司离开我照常运转，是不是说明我没有存在的价值？领导会不会借机辞退我？

因为考虑得太多，请假的话也是写了删，删了又写，最后一声叹息，"还是算了吧"。但就这样"算了"又不甘心，觉得自己很委屈，从而陷入抑郁、焦虑之中，不断内耗，成为一个别扭的职场人。

【纵观历史】

战国时期，赵国面临强秦的威胁，需选使臣出使楚国求援。平原君选定了十九人，毛遂主动请缨，虽最初被轻视，但他据理力争，终得同行。在楚国，面对迟疑的楚王，毛遂挺身而出，陈说利害，终使楚王同意合纵抗秦。

毛遂自荐展现了他的自信和勇气，也告诉人们，在职场中不应害怕被拒绝，而应积极展现自己，争取机会，方能脱颖而出。

我们之所以患上"职场羞耻症"，主要原因是不自信。请假是职场人的基本权利，为什么会觉得"羞耻"？是不是潜意识里认为自己不配？因为不自信、害怕失去，做事总是瞻前顾后，最后只能忽略自身的感受，委屈自己。如果你不想再委屈自己，那就跟老子学习，成为一个真正的强者。

不要过分在意别人的看法和感受，试着关心一下自己，正视自己的内心需求并满足它，你会发现勇敢的人真的可以先享受世界。

当我们决定克服"职场羞耻症"那一刻起，就不要轻言放弃。刚开始改变肯定会痛苦、会害怕，但人生天地之间如白驹过隙，难道要委屈自己一辈子吗？

如果不想，那就坚持行动。你可以一小步一小步慢慢来，先从学会拒绝开始。当同事无所事事，让你加班帮他做本该他负责的工作时，你可以告诉他，你自己有事不能帮他。

接着，正视自己的内心需求，学会满足自己。这种满足感会让你慢慢自信起来，最终帮助你克服"职场羞耻症"。

闲暇时读一读《道德经》，在老子道家思想的熏陶下，不断摆正自己的心态，强大自己的内心，你会越来越自在，成为一个自信的职场人。

【学以致用】

"知人者智，自知者明"就是要了解他人，但更要认清自己，摆正自己的位置。其实，我们大多数职场人只是企业的一颗螺丝钉而已，真的没有那么重要。所以，不要觉得羞愧，想请假就去请，只要在请假前把手头上的工作安排好就可以。

"胜人者有力，自胜者强"就是要凭借顽强的意志，克服自身的弱点，不断战胜自己，超越自我。人贵有自知之明，但也不能妄自菲薄，不能只看到自己的缺点，看不到自己的优点，更不能拿自己的缺点跟别人的优点比，那样，只会越来越不自信。试着去发掘自己的闪光点，你会发现，其实自己也很棒。

4.少则得，多则惑：不要陷入无尽的欲望中

少则得，多则惑。

——《道德经》第二十二章

《道德经》有言："少则得，多则惑。"这句话的意思是少取一些能够有所收获，贪得无厌反而会变得迷惑。

你有没有发现，职场中有些人表面风光，背地里却常常感到迷茫、困惑？

为什么会这样？因为他们想要的东西太多了：更高的职位、更高的薪资、更体面的生活——这些都很合理，但当欲望不断膨胀，职场人就很容易被这些想要的东西压得喘不过来气，为了获得它们而耗尽心力。

在职场中打拼，随着工龄的增长，有些人设定的目标越来越多，内心的欲望也越来越强，但他们却忘了自己能力有限，不可能兼顾一切。当"想要"的欲望不断膨胀，他们就不得不用尽浑身解数去追逐目标。正是这种"拼命追逐"的状态，让他们不堪重负，迷失在前进的方向中。于是，这些人只能一边疲惫地努力，一边抱怨工作。终为欲念所缚，不得解脱。

事实上，这不是现代人的专属困境，早在两千多年前，老子就在《道德经》中提到过类似的问题。他说："**少则得，多则惑。**"这句话说明，人追求得越多，困惑就越深；学会减少欲望，反而能得到真正的满足。

【纵观历史】

西晋时期，石崇与王恺竞相炫耀财富。王恺仗着自己皇亲国戚的身份，取出宫中三尺高的珊瑚炫耀，本以为能让石崇甘拜下风。不料，石崇不仅毫不在意地摔碎珊瑚，还拿出更多更美的珊瑚来炫耀，令王恺瞠目结舌。在这场斗富中，石崇看似大获全胜，却埋下了祸根。王恺对石崇心生怨怼，向皇帝进谗言，称石崇富可敌国，恐成后患。皇帝听信谗言，对石崇心生猜忌。最终，石崇因被诬陷谋反，被处以抄家之罚，最终丧命。

石崇过度的贪婪和炫耀不仅引起了他人的嫉妒，也给自己招来了灾祸。

在老子的哲学中，"少"和"多"并不是简单的数量对比，而是关于人生态度的选择。"少则得"，指的是减少不必要的欲望和追求，把注意力集中在真正重要的事情上；"多则惑"，则是在提醒我们，欲望太多会让人迷失方向，陷入无尽的困惑之中。

这个道理背后的逻辑并不复杂：人的精力是有限的，如果总是试图追逐太多目标，反而会失去对核心目标的聚焦。想要的东西越多，就越难感到满足；而欲望越多，也就越容易陷入焦虑和迷茫，最终迷失本心。

现如今，我们生活在一个资源相对丰富、机会更多的社会，但也因此面临更多的选择和欲望。很多人在职场中，生怕错过任何机会，于是试图"多点开花"。今天想在团队中争取话语权，明天又想插手整个项目流程；这边忙着完成核心任务，那边又接下更多额外的项目。每个人的时间与精力都是有限的，试图"什么都抓住"，到最后可能什么都抓不住。

对于欲望过多的问题，老子在《道德经》中也给出了应对的方法。其中，**"持而盈之，不如其已"**，是说欲壑难填，求盈求满，不如适可而止；**"见素抱朴，少私寡欲"**，则是说要学会给自己"做减法"，不能一味地"做加法"。

其实，在职场中想要获得成功，最重要的就是明确事情的优先级，学会为目标做减法。因此，我们要定期审视自己的目标清单，减少那些不必要的欲望和目标，集中精力处理那些真正能让自己成长和有价值的事情。

【学以致用】

"少则得，多则惑"，就是要学会取舍，懂得放下。这是一种简单却深刻的智慧。它提醒我们，欲望并不是越多越好，追求也不是越广越强。减少那些无谓的欲望，才能让我们在职场中轻装上阵，在生活中获得真正的满足。

5.希言自然：领导者要少说空话

希言自然。故飘风不终朝，骤雨不终日。孰为此者？天地。天地尚不能久，而况于人乎？

——《道德经》第二十三章

《道德经》有言："**希言自然。故飘风不终朝，骤雨不终日。孰为此者？天地。天地尚不能久，而况于人乎？**"这句话的意思是君主少发号施令，要让百姓自由发展。狂风刮不了一个早晨，暴雨下不了一整天。谁制造了这些狂风暴雨？天地。天地尚且无法长久维持疾风骤雨，更何况是人呢？

一个人一生要说多少句话？

关于这个问题，几乎没有准确的答案。不过，作为一名想要建功立业的领导者，还是应当少说空话、废话，只有这样，才能让自己的话显得更有含金量。

在当下这个信息爆炸、言论自由的时代，领导者如何做到"少说空话"？《道德经》中的"希言"二字，可以简单理解为少说话，或者说话要谨慎；而"自然"则是指事物的本然状态，即遵循自然规律，不要人为干预。

老子通过自然现象来阐述"希言自然"的道理，暴风骤雨虽猛烈，但终不能持久，这是天地自然的规律。领导者若能领悟这一规律，便能在言语上做到谨慎而不过分，从而避免因言辞不当而引发的种种问题。

领导者在团队中扮演着引领者和决策者的角色，其言行举止都会对团队成员产生深远的影响。如果领导者常常口若悬河、夸夸其谈，而实际行动却跟不上，那么很容易在团队成员中失去威信。相反，如果领导者能够言简意赅、说到做到，那么就能树立起可信赖的形象，增强自己的感召力，让员工心甘情愿地追随，实现更好的协作和配合。

【纵观历史】

东汉末年，曹操曾颁布军令，规定将士不得践踏麦田，违者斩首。有一次，曹操的马因受惊冲入麦田，践踏了一片麦子。曹操深知，作为军队的统帅，自己的言行举止会直接影响到士兵们的行为。为严肃军纪，曹操欲按令自刎，但被部下极力劝阻，最终决定割发代首，以示对自己的惩罚。众部将见状再也不敢违反军令，军队战斗力也获得了极大的提升。

在当前快节奏的工作状态中，时间就是生产力。领导者如果总是长篇大论、言之无物，不仅会浪费团队成员的时间，还可能导致信息传达不清、产生误解。像曹操一样少说空话，言出必行，才能让领导者更加专注于核心问题的阐述和决策的制定，从而提高工作效率，确保团队成员能够准确理解领导的意图。

一个高效的团队需要良好的沟通和协作氛围。领导者如果能够通过简洁明了的语言来传达信息和指示，就能让团队成员更加清晰地了解自己的职责，从而更加积极地投入工作中。同时，少说空话还能让领导者更加注重倾听团队成员的意见和建议，营造出一个更加开放、包容、和谐的团队氛围。

讲话是每个人的自由，任何人都无权干涉。但领导者要实现有效的领导和管理，就必须做到少说空话、多干实事，毕竟空话说多了令人生厌，听多了也味同嚼蜡。因此，领导者不妨秉承"希言自然"的职场智慧，少说空话。

【学以致用】

"希言"就是让领导者"少说空话"，加强自我修养，提升自己的语言表达能力。身为领导者，要更加准确、精练地表达自己的思想和意图，学习如何根据不同的场合和对象来调整自己的言辞和语气，以及学习如何更加有效地倾听他人的意见和建议。通过不断地学习和实践，领导者可以逐渐提高自己的语言表达能力，使自己在言语上更加自信和从容。

"自然"就是让领导者深入调研，了解实际情况。只有对团队的工作现状、成员的需求和期望以及外部环境的变化有深入的了解和把握，才能制订出切实可行的决策和计划。如果领导者只是凭空想象、主观臆断，那么很容易说出不切实际、无法实现的空话。因此，领导者需要保持敏锐的市场洞察力和敏锐的问题意识，不断加强对团队工作的调研和分析，确保自己的言辞符合实际情况、具有可操作性。

6.治大国，若烹小鲜：恰到好处的管理之道

治大国，若烹小鲜。

——《道德经》第六十章

《道德经》有言："治大国，若烹小鲜。"这句话的意思是治理一个大国，就像烹调小鱼那样，不要轻易折腾它。

最好的管理是恰到好处，就如同《道德经》中提倡的"治大国，若烹小鲜"，如果你抱着搅弄风云的心态来搅动职场，其结果往往是劳民伤财却收效甚微。所以，聪明的管理者懂得遵循自然规律，不过度干预下属的工作，让一切在和谐与秩序中自然发展。

有一家百年企业，近年来一直在走下坡路，直到一位新的总裁到来，才止住颓势。这位总裁并没有在公司内部进行大规模改革，他只是不再做每件大事的最后决定人，而是将权力下放给七大部门的负责人，自己则退居幕后，成为教练和支持者。这种转变不仅激发了员工的积极性和创造力，也促使这家企业保持了持续的创新能力和强大的竞争力。可见，身为管理者，应当相信员工有能力完成自己的工作，通过授权和分权，让员工在既定目标框架内自行处理事务。这种管理方式不仅能够提升员工的工作效率，更能增强员工的责任感和归属感，形成一种积极向上的企业文化。

当然，顺应自然并不等于毫不插手。管理需要恰到好处的干预。过度干预会束缚员工的创造力和积极性，而缺乏干预则可能导致失控和混乱。在企业管理中，要求管理者在保持授权和信任的同时，对关键环节进行必要的监督和指导，这样才能发挥管理的最佳效用。

【纵观历史】

清朝时期，顺治帝担心自己退位后，年幼的康熙帝无法调遣群臣，于是精心挑选并安排辅政大臣以稳固政权。他深知权力平衡的重要性，因此在选择辅政大臣时，特意挑选了四位对自己有恩且能力出众的大臣——索尼、鳌拜、遏必隆和苏克萨哈，以此避免皇亲国戚摄政可能带来的夺权风险。在顺治帝的安排下，康熙亲政之前，朝局没有出现大的动荡，这也为康熙盛世打下了坚实的基础。

想要掌握适度干预的管理之道，需要管理者具备敏锐的洞察力和判断力。管理者要准确识别员工的工作状态和潜在问题，及时给予指导和支持。同时，管理者还应学会倾听员工的声音和意见，与他们建立良好的沟通机制，以便及时调整管理策略和方法。

老子认为，人生、社会、国家都应遵循"道"的运行法则，即顺应天道。在现代企业管理中，这要求管理者具备"道"的智慧和修养，能够透过纷杂的事物表象，抓住事物的本质和区别。

关注企业的长远发展，遵循经济规律、伦理道德和人文观念，将人的需求与企业发展和社会进步有机地结合起来，这样才能"四两拨千斤"，既游刃有余地管理职场，又不至于让自己陷入繁忙焦虑的境地。

【学以致用】

"治大国，若烹小鲜"就是要求管理者营造一种和谐自然的工作氛围。不要过度干预，令员工紧张，而是要让员工感受到被尊重、被信任和被关爱。只有当员工在心灵上得到满足，他们才会更加积极地投入工作中，为企业的发展贡献自己的力量。但同时，管理者在决策时也要充分考虑各种因素，包括市场环境、员工需求、社会责任等。这种适度干预的管理方式能够让企业避免短视行为，在激烈的市场竞争中保持稳健和可持续发展。

7.清静为天下正：做个快乐的职场人

躁胜寒，静胜热，清静为天下正。

——《道德经》第四十五章

《道德经》有言："躁胜寒，静胜热，清静为天下正。" 这句话的意思是运动能够克服寒冷，静止能够战胜暑热，清静无为才是天下至关重要的原则。

任务完成了，KPI 也达标了，所有绩效指标都显示"你很成功"，但你的内心却毫无波澜，甚至有点儿空虚。在无数个加班的夜晚，你曾问自己："再这样继续下去有意义吗？"

现代职场人似乎都很难感到快乐，即使已经取得了不错的成绩。究其原因，不是我们不够努力，而是我们的内心早已被太多的东西填满：无尽的欲望、外界的期待、同事间的比较、领导的压力。这些东西像一层又一层的隔音棉，屏蔽了我们的真实感受，让我们无法听见内心的声音。

越是努力，越是患得患失；越是渴望，越是焦虑不安。其实，这种状态并不奇怪，因为我们从未试图让自己的内心平静下来。老子所说的 **"清静为天下正"**，正是给我们的解药。只有当我们学会摆脱那些不必要的喧嚣，让内心回归平和，才能在纷繁复杂的职场中找到属于自己的快乐。

老子在《道德经》中说："躁胜寒，静胜热，清静为天下正。"这句话表面上看是在讨论冷热与静躁的对立，但实际上却蕴含着深刻的人生智慧，尤其对于现代职场人而言，更是一种值得借鉴的生活态度。

【纵观历史】

一代才子颜延之嗜酒如命、行事不羁。皇帝召见时，他竟醉卧酒馆，衣衫不整，令人唏嘘。家中宾客盈门，他亦大声喧哗，与张镜家的宁静形成鲜明对比。一日，颜延之偶闻张镜与客人交谈，言辞高深却和风细雨，不由得感到惭愧。颜延之深刻反思之后改弦更张，开始顾及他人感受，以和为贵。

职场上，以和为贵，方能行稳致远。"躁胜寒"可以理解为被寒冷侵袭时，需要用行动去化解。比如，面对工作中的低谷期，主动采取行动、积极寻找解决方案，才能打破僵局。而"静胜热"则提醒我们，在面对过度的热情或混乱时，冷静才是最有效的武器。

身在职场，面对棘手的工作任务，很多人第一反应是慌乱，试图用快速行动掩饰内心的不安。但实际上，越是头脑发热的时候，越需要停下来深呼吸，冷静分析当前的形势。只有冷静下来，才能看清事物的本质，找到解决问题的突破口。

正所谓"宁静以致远"。静是一种力量，一种能够让我们脱离浮躁和急躁的力量。保持内心的冷静、宁静，就能避免在困境中迷失自我，找到长远而清晰的职场发展之道。

其实，老子的"清静为天下正"不仅仅是一种管理方法，更是一种修身养性的方式——由内而外，从个人的修身养性延伸到外部的领导力。这种由内而外的修养不仅能够让一个人保持心态平和，还能帮助我们在纷乱的局势中始终站稳脚跟，赢得他人的信任。

因此，无论你是一个普通员工，还是一名管理者，"清静"都能让你在纷繁复杂的职场中保持内心的从容。愿我们都能在浮躁的工作环境中守住那份清静，既能安定自我，又能让工作变成一件快乐的事。

【学以致用】

"清静为天下正"强调了内心的清静对外在行为的影响。老子认为，一个领导者只有保持内心清静、冷静、宁静，才能引导天下走向正道。这不仅仅适用于古代的君王，也适用于现代职场中的管理者和普通员工。比如，一个项目的进度被意外打乱时，浮躁的领导可能会急于安排更多的加班来赶工，而清静的领导则会先冷静下来分析问题的根源，是资源分配出了问题，还是人员安排不合理？通过冷静分析找到根本原因，反而能够更高效地解决问题。

"我好静，而民自正"就是说领导者需要保持内心的清静。一个内心清静的领导者可以带动团队成员一起冷静下来，找到解决问题的方向。如果领导者经常焦虑、急躁，团队成员也会被这种情绪感染，变得急功近利，不利于工作效率的提高。

第五章

以知为度，把握好分寸感

1.多言数穷：切记谨言慎行

虚而不屈，动而愈出。多言数穷，不如守中。

——《道德经》第五章

《道德经》有言："虚而不屈，动而愈出。多言数穷，不如守中。" 这句话的意思是人们说得越多、做得越多，产生的事物就越多，其处境就会愈加困窘，倒不如不偏不倚，适可而止。

《道德经》中虽然没有直接提及"谨言慎行"这四个字，但其思想精髓却处处渗透着这一原则。老子云："多言数穷，不如守中。"这句话简洁而深刻，告诫我们言多必失，不如保持内心的宁静与平和，谨慎言行。

与老子同一时代的孔子也曾说："**古者言之不出，耻躬之不逮也。**"这句话的意思是古人不轻易说话，因为他们以自己不能做到而感到羞耻。在古人看来，诚信就是一个人立身处世的根本。诚信是为人处世的基本准则，而言行一致则是诚信的具体体现。因此，在说话之前必须深思熟虑，确保自己的言辞能够付诸实践，否则就会损害自己的威信。

在人心普遍浮躁的现代社会，谨言慎行显得尤为重要。

社交媒体和即时通信工具的普及，使得信息传播速度空前加快。一句不负责任的言论可能迅速引发网络暴力，对个人和社会造成难以估量的伤害。

在说话之前，我们不妨先思考：这句话是否真实？是否有助于增进彼此的了解和信任？

在行动之前，我们也要问自己：这个行为是否合法合规？是否会对他人造成不良影响？

"多言数穷"是老子千年之前对世人的深刻警示。在千年之后的现在，我们依然能领悟其中蕴含的意义。我们要始终保持清醒和理智，避免让自己陷入种种麻烦与困境之中。

【纵观历史】

春秋末年，齐国权臣田成子野心勃勃，朝中大臣大多选择谨言慎行以求自保，隰斯弥也是其中之一。一次，隰斯弥拜访田成子时，被其邀请登台远望。他发现田成子对南面自家树林遮挡了视线似有不满。隰斯弥虽洞悉其意，却未立即表态。回家后，他立即命人砍树，可命令刚下，又被他制止了。隰斯弥深知，洞察权贵的心理是大忌。最终，他选择"懵然未觉"以此避祸。隰斯弥的谨言慎行最终让他在田成子篡国杀臣的动荡中幸存下来。

老子认为，过多的言辞往往会让人感到厌烦和困惑，甚至会导致思维的混乱和行动的失当。这就是"多言数穷"的道理。这与孔子在《论语》中提到的"言寡尤，行寡悔"有异曲同工之妙，都强调了言行的谨慎与节制。

在现代社会，轻率承诺的现象屡见不鲜。许多人在没有充分考虑自身能力和条件的情况下，轻易地给出承诺，结果往往无法兑现，从而损害了自己的信誉和形象。轻诺寡信不仅会导致个人信誉的丧失，还会对人际关系造成破坏。

当一个人的承诺无法兑现时，他身边的人往往会感到失望和愤怒，进而对他产生不信任感。这种不信任感一旦形成就很难消除，甚至会对个人的生活产生长远的影响。

可见，说话是件重要的事。学会缄言，能够终身受益。

【学以致用】

"虚而不屈，动而愈出" 意味着人们在行动之前，要充分考虑后果。做事之前，要确保自己的行为符合道德和法律规范，以免事后后悔。对自己的言行负责，也是对他人的尊重。在追求个人目标的同时，亦不能忽视对他人的影响，要时刻保持一颗谦逊和敬畏之心，确保自己的每一步都走得稳健而坚定。

"多言数穷，不如守中" 要求人们在说话时要经过深思熟虑，避免轻率发言。在人际交往中，一句不慎的言语可能引发误会，甚至破坏原本和谐的关系。因此，学会适时沉默，用更加谨慎和精准的语言表达自己的想法，能避免给自己或他人带来麻烦，也是人们在复杂社会中保护自己、赢得尊重的重要法则。

2.曲则全，枉则直：有进退方能成大事

曲则全，枉则直。

——《道德经》第二十二章

《道德经》有言："曲则全，枉则直。"这句话的意思是能忍受委屈的，反而可以保全自我；先弯曲的反而可以伸直。

《道德经》强调的"道"，其实是一种只可意会不可言说的智慧，这种智慧体现在"以柔克刚"上，也体现在"曲则全，枉则直"上。在老子看来，退让并不意味着失败或放弃，而是一种更高层次的自我完善。

在与人的相处中，我们难免会遇到意见不合或利益冲突的情况。这时，如果一味地坚持己见，可能会导致关系破裂，甚至引发不必要的纷争。适当地退让不仅能够化解矛盾，还能让我们在退让的过程中反思自己的不足，进而实现自我提升。

毕竟，退让也是一种策略，它能够帮助我们更好地捕捉机遇，观察动态，继而寻找合适的机会和方向，从而在未来的竞争中占据先机。

【纵观历史】

曹操曾命人建造一座花园。花园竣工后，他在门上写了个"活"字便离开了。众人不解，杨修却看出，曹操是嫌门太宽，命人改窄。曹操虽表面称赞，但内心却对杨修生出了忌惮。又有一次，曹操将一盒酥饼放在桌上，并写下"一合酥"三字。杨修见状，便召集众人分

食酥饼。曹操虽表面喜笑，但心里却更加厌恶杨修。曹操生性多疑，而杨修却多次猜透曹操的意图，并毫不掩饰地传播出去。最终杨修被曹操以扰乱军心的罪名处死。

人生中的每一次退让，都是一次心态的调整。

所谓知进退，就是让我们学会放下执念，尝试接受现实，从而以更加平和的心态去面对生活中的种种挑战。这种心态的调整有助于我们保持内心的平静与安宁，也能让我们在面对困境时不卑不亢、从容不迫。否则，就会像杨修一般，为自己的不知进退、不懂分寸买单。

《道德经》中的"曲则全"与"枉则直"其实是相辅相成的，在人生的旅途中，我们难免会遇到挫折与失败，在受到委屈或误解时，我们往往会感到痛苦与无助。然而，正是这些经历，让我们学会了坚强与忍耐。在经历挫折后，我们也会更加深刻地认识到自己的不足，从而激发出更加强烈的进取心。同时，挫折也会为我们带来新的机遇，让我们在反思与总结中找到新的发展方向。这便是"曲则全，枉则直"的真谛。

在人生的道路上，进退之间的抉择往往关乎我们的命运与未来。如何恰当地把握进退之道，则需要我们具备深厚的智慧与洞察力。

坚守原则，不失底线；心态平和，超然物外。

有进退，方能成大事。

【学以致用】

"曲则全"就是指通过弯曲、退让的方式，反而能保全自身，达到更高的境界。在人生的道路上，我们时常会遇到需要做出选择的时刻，这些选择往往关乎我们的未来与命运。在这个过程中，懂得退让，懂得在适当的时候"曲"，不失为一种智慧。

"枉则直"则体现在人贵有坚忍不拔的精神上。在面对困境时，只有保持坚定的信念，勇往直前，才能最终战胜困难，实现自己的目标与理想。这种坚忍不拔的精神，是我们在人生道路上不断前行的动力源泉。

3.知止可以不殆：如此方能进退自如

始制有名，名亦既有，夫亦将知止。知止可以不殆。

——《道德经》第三十二章

《道德经》有言："始制有名，名亦既有，夫亦将知止。知止可以不殆。"这句话的意思是我们对一个事物最初做出规定的时候就相当于给它起了名字，名字既然已经有了就应该知道适可而止的道理。知道适可而止，才能够避免危险。

"知止"，即知晓何时该停止，何时该收敛。

在《道德经》中，老子多次强调"知足不辱，知止不殆"的道理。他认为，一个人只有懂得知足，才不会因贪婪而招致羞辱；只有懂得适可而止，才不会因过度而陷入危险。这一思想，对当下来说同样具有深远的指导意义。

在人生的道路上，我们往往容易被欲望所驱使，想要追求更高的目标、更大的成就。殊不知，当这种追求超出了我们的能力范围时，就很容易让我们陷入困境，甚至走向毁灭。因此，懂得"知止"，便是在追求与满足之间找到一种平衡，让我们的生活更加和谐与稳定。

这就意味着在面对人生的各种挑战时，我们既要能够灵活应对，不失进取之心，又要懂得适时退让。这种境界就是《道德经》中强调的"道"之境界。

【纵观历史】

唐太宗因为预言而对武姓女子心生忌惮，在病重时，甚至考虑让武则天一起陪葬。武则天面对太宗的试探没有硬碰硬，而是机智地提出自己愿出家为尼，为太宗祈福。武则天以退为进，蓄势待发。果然，待时机成熟之后，她再次回到宫廷，一步步攀登至权力巅峰，最终成为中国历史上唯一的女皇帝。

"进"代表着勇气、担当和追求。在人生的道路上，我们需要有敢于追求梦想的勇气，有勇于担当责任的精神。只有这样，我们才能在竞争中脱颖而出，实现自己的人生价值。然而，这种追求并非盲目。在追求的过程中，我们要明确自己的目标和方向，制订切实可行的计划，并为之付出不懈的努力。同时，我们还要保持一颗平和的心，不因一时的得失而迷失自我。只有这样，我们的追求才能更加坚定而有力。

"退"并不意味着逃避或放弃。

相反，"退"是一种智慧的选择，一种对人生的深刻理解。在人生的某些时刻，我们需要懂得适时退让，放弃一些不必要的执念和追求。这样，我们才能够更加专注于真正重要的事情，避免被琐事所困扰。退让并不意味着失败或屈服，而是一种策略，一种对人生节奏的把握。在退让中，我们可以积蓄力量，调整心态，为下一次的进攻做好充分的准备。同时，退让也能够让我们更加珍惜眼前拥有的一切，学会感恩与满足。

人生如逆旅，充满了未知与挑战，只有拿出"知止"的态度，才能真正做到"不殆"。

【学以致用】

"知止"是"进退自如"的前提和基础。只有当我们懂得何时该停止、何时该收敛时，才能够在人生的道路上走得更加从容与坚定。

"进退自如"则是"知止"的具体体现和升华。它要求我们在面对人生的各种挑战时，能够灵活应对，既不失进取之心，又懂得适时退让。

4.知者不言，言者不知：智者必慎言

知者不言，言者不知。

——《道德经》第五十六章

《道德经》 有言："**知者不言，言者不知**。"这句话的意思是懂得大道的人不会张口闭口谈论大道，而喜欢谈论大道的人并不懂大道。

老子一贯强调"无为而治"，认为最高明的治理不是通过言辞或命令来实现的，而是通过自身的行为和示范，引导他人自然而然地遵循自然法则和道德规范来实现的。同样，人们在日常生活中的表现也应如此。"桃李不言，下自成蹊"，这才是聪明的做法。

在浩瀚的宇宙面前，人类的认知是有限的。智者正是因为认识到这一点，因此不会轻易断言或下结论，而是保持开放的心态，不断探索和学习。这种谦逊和低调乃是智慧的高级表现，故而智者必慎言。

对于真正有智慧的人来说，言辞是一种需要谨慎使用的工具。他们懂得在何时何地该说什么，不该说什么，以及如何用最简洁、最准确的语言表达自己的观点。智者懂得低调的重要性。他们不会因一时的成就或地位而沾沾自喜、忘乎所以，而是始终保持谦逊和低调的态度。这种态度让他们能够持续学习和进步，也让他们能够赢得尊重与信任。

【纵观历史】

唐宣宗李忱是唐宪宗第十三子，他深知皇位之争的残酷，故而选择低调行事，隐藏锋芒。李忱装作愚钝，让人误以为他无心政治，实则暗中观察，默默蓄力。在皇子们为皇位明争暗斗之时，他如智者般小心慎言，避免成为众矢之的。这种"扮猪吃老虎"的策略不仅保护了他自身，也为他日后登基奠定了基础，而那些曾经张扬的皇子却多遭不幸。登基后的李忱勤勉政事，推行改革，使唐朝焕发新生，被誉为"小太宗"。

在适当的时候保持沉默，这是每个成年人的必修课。

面对复杂多变的社会环境和人际关系，沉默有时是最好的防御和应对策略。通过保持沉默，智者可以避免不必要的纷争和误解，保持内心的平静和清醒。然而，慎言并不意味着沉默寡言或拒绝交流，而是一种深思熟虑后的选择。

聪明的人都明白，言语的力量在于其精准性和影响力，而不是数量和音量。他们善于用简短的话语点明要害，用恰当的方式传递信息，从而达到事半功倍的效果。

"知者不言，言者不知"，这是《道德经》中对智者的描述，也是老子对世人的警示。在生活中，我们往往容易被表面的光鲜和浮夸吸引，反而忽视了真正有内涵的人，这无疑是一种损失。所以，只有深谙"知者不言，言者不知"道理的人，才能静观千帆起，以待远航时。

【学以致用】

"知者不言"意味着真正有智慧的人不会轻易发表言论，更不会说大话或空话。要知道，言语的力量虽大，但往往也伴随着风险。一旦言辞过于张扬，就可能引发不必要的纷争和误解。

"言者不知"则是指要小心那些喜欢夸夸其谈、说大话的人。老子认为，这类人往往缺乏对事物本质的真正理解，他们的言辞多基于事物的表面特征或个人的主观臆断，缺乏深度和洞察力。我们要洞察对方言语包装之下的本质，以免上当受骗。

5.重为轻根，静为躁君：遇事不冲动的秘密

重为轻根，静为躁君。

——《道德经》第二十六章

《道德经》有言：**"重为轻根，静为躁君。"**这句话的意思是重是轻的基础，静是动的根本，从而直接点明了稳重与浮躁、沉静与躁动之间的辩证关系。

这里的"重"指的是物质上的厚重，象征着精神上的深沉、行为的稳重与思想的成熟。它是"轻"的根基，意味着只有具备足够的重量与深度，才能承载起轻盈与灵活，避免因缺乏根基而轻率行事，从而导致失败或灾难。

在日常生活中，我们不难发现那些行事稳重、深思熟虑的人往往能够在关键时刻做出正确的决策，即使面对突如其来的挑战，也能保持冷静，找到最佳解决方案。相反，那些轻率急躁之人常常因一时冲动而做出错误判断，给自身或他人带来不必要的损失。因此，培养稳重的心态是避免冲动行为的首要步骤。

【纵观历史】

东晋时期的名士谢安遇事冷静，从不会自乱阵脚，面对前秦的进攻，他总能有效组织抵抗，挫败敌人的进攻。在淝水之战中，他作为东晋总指挥，以八万兵力击败号称百万兵力的前秦军队，将他的冷静和智慧发挥到了极致。后世多将他与王导相提并论，认为二人共同辅佐朝政，成就了东晋的稳定基业。

如果说"重"是稳固内心的基石，那么"静"则是驾驭外在躁动

的君主。在《道德经》中，"静"不仅指的是心态的平和，更是一种超越世俗纷扰、洞察事物本质的能力。它教会我们在面对纷扰时，如何保持内心的宁静，不被外界动摇，从而做出更加明智的选择。

生活中，人们往往容易被各种信息、欲望和情绪牵引，陷入无尽的焦虑之中。这种状态下的我们如同狂风中的树叶，失去了自我控制的能力。而真正的智者懂得在喧嚣中寻找宁静，让自己的心灵得到净化与放松，从而恢复内心的平衡与力量。

"静"还意味着在行动之前深思熟虑。在面对抉择时，不妨先静下心来，分析问题的本质，权衡利弊，而非急于求成，盲目行动。正如《礼记·大学》所言："知止而后有定，定而后能静，静而后能安，安而后能虑，虑而后能得。"只有在心境平和的状态下，我们才能真正做到冷静分析，做出最有利于自己的选择。

【学以致用】

"重为轻根"就是让人们懂得培养耐心与坚忍。面对挑战和困难时，保持耐心，不急于求成。通过设定小目标，逐步积累成就感，增强面对挫折的韧性。我们要认识到生活中并非所有事情都在自己的掌控之中，要学会接受不完美，放下那些已无法改变的事实，以更加轻松的心态面对生活。

"静为躁君"则是让人们增强自我认知。要了解自己的性格特点和情绪触发点，通过记日记、接受心理咨询等方式，提升自我觉察能力，学会在情绪生起之前及时识别并调整。同时也要建立支持系统，与亲朋好友保持良好的沟通。一个强大的支持网络可以有效缓解压力，避免独自承受而引发冲动行为。

6.道冲，而用之或不盈：保持空杯心态

道冲，而用之或不盈。

——《道德经》第四章

《道德经》有言："道冲，而用之或不盈。"这句话的意思是"道"没有具体形象，如果遵循"道"办事，就不会要求把事情办到盈满、极盛了。

由此可见，"空杯心态"并非现代社会的产物，而是源于老子对"道"的深刻体悟。

在《道德经》中，"道"被赋予了至高无上的地位，它是宇宙万物运行的根本法则，虽无形无象，却无所不在，无所不能。而"道冲，而用之或不盈"正是对"道"之特性的生动描绘——道如虚空，虽能容纳万物，却永不满溢，始终保持一种谦逊与包容的状态。

将这一思想应用于人生，便形成了"空杯心态"。它要求我们在面对世界时，保持内心的空灵与开放，不被过去的经验和成就束缚，随时准备接纳新的知识和挑战。这种心态不仅是对自我认知的深化，更是对人生智慧的升华。

【纵观历史】

孔子师徒周游列国途中，遇一孩童在路中间摆弄碎石瓦片嬉戏，挡住了去路。孔子劝其让路，孩童却说"车遇到城，应当给城让路"，这令孔子一时语塞。可是，孔子非但未恼，反为孩童的聪颖与礼数所动，当即询问其名岁，得知是7岁的项橐后，孔子感慨万分，对随行学生言道："项橐7岁便知礼，实乃吾师也！"

空杯心态的内涵，在于其"空"与"盈"的辩证关系。

一方面，"空"并非指一无所知或毫无准备，而是一种内心的谦逊与包容，是对自我清晰而客观的认知。它要求我们在面对新知时，能够放下成见，以平和的心态去接纳和学习。

另一方面，"盈"则代表着满足与自满，是阻碍我们进步和成长的绊脚石。空杯心态的精髓在于能够时刻保持内心的"空"，避免陷入"盈"的陷阱。

在快速变化的时代，唯有不断学习，才能跟上时代的步伐。而空杯心态正是我们保持学习热情、不断追求进步的源泉。空杯心态还有助于我们提升自我认知，发现自身的不足和局限。通过保持内心的空灵，我们能够更加客观地审视自己，从而找到改进和提升的方向。此外，空杯心态能够让我们更加尊重他人，对我们建立良好的人际关系颇有助益。

在纷繁复杂的社会中，保持一颗空灵且谦逊的心，才能不断清空自我、接纳新知、挑战自我、持续改进。如此，方能长风破浪会有时，直挂云帆济沧海。

【学以致用】

"道冲，而用之或不盈"就是让人们保持谦逊，虚心求教，这样才能持续学习、不断进步。谦逊是空杯心态的核心。在面对新知和他人时，我们应该保持一种谦逊的态度，虚心求教，不耻下问。而学习是保持空杯心态的重要途径。在当今时代，唯有持续学习，才能与时代同步。我们应该保持一种积极的心态，勇于尝试和探索，并不断调整和完善自己，反思自我、持续改进。

第六章

以善为本，成就别人也成就自己

1.大巧若拙，大辩若讷：懂一点儿藏拙于巧

大直若屈，大巧若拙，大辩若讷。

——《道德经》第四十五章

《道德经》有言：**"大直若屈，大巧若拙，大辩若讷。"**这句话的意思是最直的好似弯曲，最巧的好似笨拙，最善辩的好似不善言谈。

在老子看来，"大巧若拙"这四个字其实是无限接近于"道"的。毕竟真正的智慧不是外在的张扬，而是内在的锦绣。正如洪应明在《菜根谭》中所言："藏巧于拙，用晦而明。"一个人即使拥有超凡的智慧和才华，也不应过分显露，而应懂得适时收敛，将自己置于一种看似平凡无奇的状态之中。

历史上，许多伟大的人物都深谙此道。他们或许才华横溢，但从不以此自傲；他们或许功成名就，但总能保持一颗谦逊的心。这种藏拙于巧的智慧，使他们能够在复杂多变的政治环境和社会关系中游刃有余，既保护了自己，又赢得了他人的尊重和信任。

而在现代社会，这种智慧同样具有重要意义。在生活中，那些过于张扬、喜欢炫耀自己才华的人，往往容易成为众矢之的，而懂得藏拙于巧的人却能够更好地融入社会，与他人建立良好的关系，从而在关键时刻得到更多的支持和帮助。

【纵观历史】

楚庄王刚继位时，为了麻痹敌人，他整日沉迷于游乐，不理朝政，致使楚国朝政混乱，百姓生活困苦。大夫伍举和苏从先后以婉言和直言相劝，楚庄王明白时机已成熟，这才开始整顿朝纲，重用贤臣，发展国力。短短数年，楚国大治，成为诸侯中的强国。最后楚庄王问鼎中原，成为春秋五霸之一。

在生活中，我们经常会遇到各种各样的矛盾和冲突。对此，有些人会选择滔滔不绝地与别人进行辩解和争吵，试图通过言语来占据上风。然而，这种做法往往适得其反，不仅无法解决问题，反而可能激化矛盾。而懂得大辩若讷的人则会选择沉默和观察，他们会在合适的时机用简洁有力的言辞来化解矛盾，达到事半功倍的效果。

此外，大辩若讷的智慧还体现在对他人的尊重和理解上。在交流中，我们不仅要表达自己的观点，更要学会倾听他人的声音。有时候，一个真诚的微笑、一句简单的肯定或鼓励，往往比长篇大论更能打动人心，增进彼此之间的理解和信任。

藏拙于巧并不意味着要放弃对卓越的追求，而是要在追求的过程中保持一颗平常心。如此，才能接近于"道"。

【学以致用】

"大直若屈"就是要学会在适当的时候隐藏自己的锋芒。这并不是说我们要放弃追求进步和成功，而是要在追求的过程中保持低调和谦逊。只有这样，我们才能避免成为他人的眼中钉、肉中刺，从而为自己创造一个更加宽松和谐的发展环境。

"大巧若拙"就是要学会用沉默来彰显自己的内涵。在交流中，我们要学会倾听和观察，不要急于表达自己的观点。当他人需要帮助或建议时，我们要能够用简洁有力的言辞来给予支持和指导。这样不仅能够提升自己的影响力，还能够赢得他人的信任和尊重。

"大辩若讷"则是说言谈举止要有的放矢。也就是说，真正的辩论高手并不是那些滔滔不绝、口若悬河的人，而是那些能够审时度势、把握分寸、在关键时刻一语中的的人。他们或许平时沉默寡言，但一旦开口便能直击要害，令人信服。

2.和大怨，必有余怨：用善良化解职场纠葛

和大怨，必有余怨，安可以为善？

——《道德经》第七十九章

《道德经》有言："和大怨，必有余怨，安可以为善？"这句话的意思是即使和解了大怨，也一定还有余怨存在，这怎么能算是尽善尽美呢？

人性复杂多变，这一点在职场中体现得淋漓尽致。

职场中的纠葛往往源于对利益的争夺、对地位的竞争，以及对认可的渴望。正如心理学大师阿德勒所言：成熟不在于看清事理，而在于理解人性。当我们晋升加薪、获得荣誉时，周围同事的反应可能并非我们预想的祝福与庆贺。相反，嫉妒、不满甚至恶意中伤都可能随之而来。这是因为，人性中往往存在一种"见不得别人好"的心理，越是熟悉的人，这种心理往往越为显著。

生活中你会发现一个现象：长期对某人过度的好意，往往得不到对方的感激，反而可能让对方习以为常，甚至变本加厉地索取。这种心理机制导致的后果是一旦我们不再满足对方的期待，便可能遭受指责与非议。

这种近现代心理学观点与千年之前老子在《道德经》中的观点不谋而合。正所谓"和大怨，必有余怨"，面对职场纠葛，许多人会选择抱怨与对抗，但这样往往只会让矛盾升级，增加双方的怨恨。真正的智者会选择用善良去化解矛盾。善良并非软弱，而是一种深刻的洞察力与包容心。它要求我们理解人性的复杂，不轻易将责任归咎于他人，而是从自己的内心出发，寻找解决问题的方法。

【纵观历史】

早年，韩信生活颇为困顿，亭长见韩信气度不凡，便照顾了他数月，最后却因亭长娘子的嘲讽而中断。饥饿之下，漂母的几顿饭成了他的救命之恩。韩信发达后，对漂母以千金相报，对亭长家仅赠百文。真正的恩情，无论大小，都应被珍视与回报；而那些变了性质的"恩情"，终将留下嫌隙，难以和解。

面对职场纠葛时，我们应先进行自我反思，检查自己是否在言行上有所不当，是否无意中触犯了同事的敏感点。通过自我反思，我们可以更好地认识自己，从而在后续的交往中更加谨慎与周到。

同时，我们也可以尝试倾听对方的观点与感受，理解他们为何会产生这样的情绪。倾听与理解能让对方感受到被尊重、被重视，从而化解一部分怨恨。毕竟，有效的沟通是化解职场纠葛的关键。在沟通过程中要保持冷静与理性，避免情绪化的言辞与行为，有助于双方更好地找到问题的症结所在，并共同寻找解决方案。

职场虽然需争夺资源和机会，但并不是一场零和博弈，通过合作实现共赢，可以为彼此创造更大的价值。

【学以致用】

"和大怨，必有余怨"就是告诉人们与其关系破裂后再修复，不如从根本上避免裂痕。当同事遇到困难时，我们可以主动伸出援手，分享自己的经验与资源。在职场中还保持谦逊与低调，不要过分炫耀自己的成就与地位，学会欣赏他人的优点与贡献。以善良为武器，用理解与包容去化解矛盾，实现个人与团队的共同发展。

3.天下大事必作于细：从小事做起

天下难事必作于易，天下大事必作于细。

——《道德经》第六十三章

《道德经》有言：“天下难事必作于易，天下大事必作于细。”这句话的意思是天下的难事都起源于容易的事，天下的大事都起源于小事。

“千里之行，始于足下。”任何伟大的事业，都是从微不足道的小事开始的。在追求梦想的道路上，我们不能忽视任何一个小细节，因为每一个细节都可能成为我们成功的关键。

正所谓“泰山不拒细壤，故能成其高；江海不择细流，故能就其深”。一个人的人生高度，往往取决于他对细节的态度和重视程度。

细节往往能反映一个人的品质、修养和态度。正如荀子所言：“不积跬步，无以至千里；不积小流，无以成江海。”一个人的成功，往往源于对细节的执着追求和不懈努力。只有对细节保持高度的敏感性，才能在平凡中发现不平凡。

【纵观历史】

唐代大臣吕元膺在与门客下棋时，因需处理公文而暂时离开，没想到门客却趁机偷换棋子。吕元膺回来后，虽然发现了棋局的变化，但并未当场揭穿，而是选择第二天请这位门客离开。门客在棋局上的不诚实之举，让吕元膺对其人品产生了怀疑，从而做出了请他离开的决定。

注重为人处世中的细节，首先要培养敏锐的观察力和感知力。只有当我们能够敏锐地捕捉到生活中的每一个细节时，才有机会去改变它、完善它。同时，我们需要学会从小事做起。不要忽视任何一件小事，因为每一件小事都可能成为我们成功的关键。我们要以积极、主动的态度去面对生活中的每一个挑战和机遇，用实际行动去证明自己的能力和价值。

在生活中，我们要树立"小事不小"的观念，认识到每一件小事都是大事的组成部分，每一个细节都是成功的关键所在。只有从小事做起，从细节着手，才能逐步积累起成功的资本。同时，我们在处理小事和细节时，要耐心倾听、细心观察、认真思考。不要因为事情小就敷衍了事，不要因为细节烦琐就心生厌倦。只有以平和的心态去面对每一件小事，才能发现其中的奥秘和价值。

在与人交往时，我们要保持一种谦逊、诚实的态度，以真诚、友善的心态去对待每一个人，尊重他们的感受和想法，勇于承认自己的错误和不足，及时改正和完善自己。

"天下大事必作于细"，只有从小事做起，才能在平凡中孕育非凡。

【学以致用】

"天下难事必作于易"就是让我们明白，无论做什么事情，都要保持耐心和细心。在面对复杂问题时，我们可以将其细分为一系列简单、可操作的小问题，并为自己设定具体、可实现的小目标。在执行过程中，关注每一个可能影响结果的细节，同时要有耐心，不急于求成，以稳扎稳打的方式解决复杂问题。

"天下大事必作于细"则是让我们注重实践和积累。从小事做起并不意味着只停留在口头或理论上，而是要将想法付诸实践，通过不断尝试和实践来积累经验。同时，还要善于总结反思，从每一次实践中吸取教训、提炼经验，为未来的成功奠定基础。

4.祸莫大于轻敌：不要轻视任何人

祸莫大于轻敌，轻敌几丧吾宝。

——《道德经》第六十九章

《道德经》有言："祸莫大于轻敌，轻敌几丧吾宝。" 这句话的意思是没有比轻视敌人更为严重的祸患，轻视敌人几乎等同于违背了"道"。

"祸莫大于轻敌"的字面意思，就是指在战争中，最大的祸患莫过于轻视敌人。然而，其深层含义却远不止于此。

在老子看来，"轻敌"是一种心态上的傲慢与偏见，是对未知和差异的忽视。这种心态不仅存在于军事领域，更广泛存在于人际交往、职场竞争、团队合作等多个方面。当我们因为对方的身份、地位、外貌、经验等而心生轻视时，实际上是在给自己的认知设限，关闭了理解和学习的窗口。

而"几丧吾宝"中的"宝"，则可以理解为个人的品德、智慧、机遇乃至生命。轻视他人，往往会导致判断失误，错失良机，甚至引发冲突和灾难。历史上，因轻视对手而最终失败的例子不胜枚举，而这些教训无一不在警示我们：轻视他人，终将自食其果。

【纵观历史】

曹操统一北方后，企图南下进攻孙权和刘备，统一天下。他率领八十万大军顺江而下，而孙刘联军仅有五万人。然而，在赤壁之战中，曹操因骄傲轻敌，未能充分利用其兵力优势。孙刘联军却利用曹操的轻敌，采用火攻战术，致使曹军大败。最终，孙刘联军在赤壁以少胜多，奠定了三国的政治格局。

谦逊是中华民族的传统美德，也是个人修养的重要体现。不轻视他人，意味着我们愿意承认自己的局限性，愿意向他人学习，这种态度不仅能够促进个人成长，还能赢得他人的尊重和信任。这就意味着，我们要对不同的人和事持开放态度，尝试理解他人的立场和感受，在与他人交流时，多听少说，用心倾听对方的观点和经历，同时定期反思自己的行为和态度，检查是否存在轻视他人的倾向。

《道德经》所展现的大道，就是无论对方的身份地位如何，都应给予同等的尊重和关注。在言语和行为上展现出礼貌和谦逊，避免任何形式的歧视或偏见。当我们能努力站在他人的角度思考问题，感受他们的喜怒哀乐时，离"道"就不远了。

【学以致用】

"轻敌几丧吾宝"是说每个人都有其独特价值，轻视他人就是否定了这种多样性，限制了自己从他人身上学习和成长的机会。因为每个人都是独一无二的个体，拥有不同的背景、经历和能力。即使是最不起眼的人，也可能在某个领域拥有非凡的才华或独特的见解。在人际交往中，尊重是相互理解和信任的前提，轻视他人会破坏这种基础，导致隔阂和冲突。

"祸莫大于轻敌"就是说每个人都有自己的"盲点"，即因经验、知识或视角限制而未能察觉到的信息或问题。轻视他人容易让我们陷入自我中心的思维陷阱，无法看到自身的不足和他人的长处。保持开放的心态，愿意倾听和学习，有助于我们突破"盲点"，做出更明智的决策。

5.知其荣，守其辱：该低头时就低头

知其荣，守其辱，为天下谷。

——《道德经》第二十八章

《道德经》有言："**知其荣，守其辱，为天下谷。**"这句话的意思是知道什么是荣耀，却安于屈辱的地位，甘愿做天下的川谷。

中国有句老话，叫作"骄兵必败"。

那些因为一时的成功而骄傲自满的人，最终往往会走向失败。所以，在人生的道路上，要时刻保持谦逊低调，该低头时就低头，反而可以避免因为骄傲而引发的盲目行动和决策失误。

要知道，低头并非示弱，而是一种虚怀若谷的体现。在人际交往中，能做到低头的人更容易赢得他人的尊重和信任，因为低头意味着愿意倾听和学习。一个真正懂得低头的人，通常会时刻保持一颗学习的心，不断从他人身上汲取营养和智慧。这种学习的态度不仅能够促进个人的成长和进步，还能够让我们在变化莫测的社会中保持竞争力。

在现代这个多元共生的社会，每个人都有自己的立场和观点，每个人也都渴望表达自己的观点，表明自己的立场。懂得适时低头的人，更能理解和尊重他人的差异性和群体的多样性，在人际交往中反而能够游刃有余。

【纵观历史】

秦朝末年，少年韩信尚未发迹，生活穷困潦倒。一日在街头，他遇到了一群市井无赖的挑衅。其中一人更是嚣张地要求韩信要么从他

胯下钻过，要么与他决斗。面对这突如其来的羞辱，韩信选择了忍辱负重，从那人胯下钻了过去，引得周围人一阵哄笑。可正是这份能屈能伸的智慧，让韩信避免了不必要的纷争，保全了自己。后来，韩信投身军旅，凭借卓越的军事才能，成为汉初三杰之一，助刘邦打下了大汉江山。

老子认为，在与他人交往时，不应轻易展示自己的优越和成就，而是平和、低调地对待每一个人，就会离大道越来越近。

为了能做到"知其荣，守其辱"，我们要多倾听他人的意见和想法，理解他们的立场和需求。当我们在某些方面确实存在不足或错误时，要勇于承认并主动示弱。即便某件事情是对方的问题，我们也大可以拿出"海纳百川，有容乃大"的态度，展示出自己的风度。当我们低头时，反而会让形象拔高，增进人际关系，甚至促进个人成长。

"海不择细流，故能成其大；山不拒细壤，方能就其高。"每次低头其实是为了更高地抬头，站着做人是骨气，而适时低头是修养。

【学以致用】

"知其荣" 就是指我们要清楚地认识到自己在社会中的地位、成就和荣耀。这是一种自我认知的能力，也是个人自尊和自信的源泉。真正的智慧不仅在于认识自己的荣耀，更在于如何面对和处理这些荣耀。

"守其辱" 则是一种难得的谦逊与低调。这里的"辱"并非指真正的侮辱或贬低，而是一种相对于"荣"而言的谦逊态度。它要求我们在获得荣耀和地位时，不骄傲自满，不目中无人，保持内心的平和与谦逊，如同山谷般能够容纳万物，包容一切。

　　"为天下谷"是对"守其辱"的进一步阐释。山谷之所以成为山谷，是因为它能够放下自己的身姿，容纳百川，汇聚成海。同样，一个真正有智慧的人，应该能够像山谷一样，保持谦逊低调，以宽广的胸怀接纳不同的人和事，从而在人生的道路上走得更远。

附 录

《道德经》全文

第一章

道可道，非常道；名可名，非常名。无名，天地之始；有名，万物之母。故常无，欲以观其妙；常有，欲以观其徼。此两者同出而异名，同谓之玄。玄之又玄，众妙之门。

第二章

天下皆知美之为美，斯恶已；皆知善之为善，斯不善已。故有无相生，难易相成，长短相较，高下相倾，音声相和，前后相随。是以圣人处无为之事，行不言之教。万物作焉而不辞，生而不有，为而不恃，功成而弗居。夫唯弗居，是以不去。

第三章

不尚贤，使民不争；不贵难得之货，使民不为盗；不见可欲，使民心不乱。是以圣人之治：虚其心，实其腹，弱其志，强其骨。常使民无知无欲，使夫智者不敢为也。为无为，则无不治。

第四章

道冲，而用之或不盈，渊兮，似万物之宗：挫其锐，解其纷；和其光，同其尘。湛兮，似或存。吾不知谁之子，象帝之先。

第五章

天地不仁，以万物为刍狗；圣人不仁，以百姓为刍狗。天地之间，其犹橐籥乎？虚而不屈，动而愈出。多言数穷，不如守中。

第六章

谷神不死，是谓玄牝。玄牝之门，是谓天地根。绵绵若存，用之不勤。

第七章

天长地久。天地所以能长且久者，以其不自生，故能长生。是以圣人后其身而身先，外其身而身存。非以其无私邪？故能成其私。

第八章

上善若水。水善利万物而不争，处众人之所恶，故几于道。居善地，心善渊，与善仁，言善信，正善治，事善能，动善时。夫唯不争，故无尤。

第九章

持而盈之，不如其已；揣而锐之，不可长保。金玉满堂，莫之能守。富贵而骄，自遗其咎。功遂身退，天之道。

第十章

载营魄抱一，能无离乎？专气致柔，能婴儿乎？涤除玄览，能无疵乎？爱民治国，能无知乎？天门开阖，能为雌乎？明白四达，能无为乎？生之畜之，生而不有，为而不恃，长而不宰，是谓玄德。

第十一章

三十辐共一毂，当其无，有车之用。埏埴以为器，当其无，有器之用；凿户牖以为室，当其无，有室之用。故有之以为利，无之以为用。

第十二章

五色令人目盲，五音令人耳聋，五味令人口爽，驰骋畋猎，令人心发狂，难得之货，令人行妨。是以圣人为腹不为目，故去彼取此。

第十三章

宠辱若惊，贵大患若身。何谓宠辱若惊？宠为上，辱为下，得之若惊，失之若惊，是谓宠辱若惊。何谓贵大患若身？吾所以有大患者，为吾有身，及吾无身，吾有何患？故贵以身为天下，若可寄天下；爱以身为天下，若可托天下。

第十四章

视之不见名曰夷，听之不闻名曰希，搏之不得名曰微。此三者不可致诘，故混而为一。其上不皦，其下不昧。绳绳不可名，复归于无物。是谓无状之状，无物之象，是谓惚恍。迎之不见其首，随之不见其后。执古之道，以御今之有。能知古始。是谓道纪。

第十五章

古之善为士者，微妙玄通，深不可识。夫唯不可识，故强为之容：豫兮，若冬涉川；犹兮，若畏四邻；俨兮，其若客；涣兮，若冰之将释；敦兮，其若朴；旷兮，其若谷；混兮，其若浊。孰能浊以止？静之徐清；孰能安以久？动之徐生。保此道者不欲盈。夫唯不盈，故能蔽而新成。

第十六章

致虚极，守静笃。万物并作，吾以观复。夫物芸芸，各复归其根。归根曰静，是谓复命。复命曰常，知常曰明。不知常，妄作，凶。知常容，容乃公，公乃王，王乃天，天乃道，道乃久，没身不殆。

第十七章

太上，下知有之；其次，亲而誉之；其次，畏之；其次，侮之。信不足焉，有不信焉。悠兮其贵言，功成事遂，百姓皆谓"我自然"。

第十八章

大道废，有仁义；慧智出，有大伪。六亲不和，有孝慈；国家昏乱，有忠臣。

第十九章

绝圣弃智，民利百倍；绝仁弃义，民复孝慈；绝巧弃利，盗贼无有。此三者，以为文不足，故令有所属：见素抱朴，少私寡欲，绝学无忧。

第二十章

唯之与阿，相去几何？善之与恶，相去若何？人之所畏，不可不畏。

荒兮，其未央哉！众人熙熙，如享太牢，如春登台。我独泊兮，其未兆，如婴儿之未孩；儽儽兮，若无所归。众人皆有余，而我独若遗。我愚人之心也哉，沌沌兮！俗人昭昭，我独昏昏；俗人察察，我独闷闷。澹兮，其若海，飂兮若无止。众人皆有以，而我独顽似鄙。我独异于人，而贵食母。

第二十一章

孔德之容，惟道是从。道之为物，惟恍惟惚。惚兮恍兮，其中有象；恍兮惚兮，其中有物。窈兮冥兮，其中有精；其精甚真，其中有信。自古及今，其名不去，以阅众甫。吾何以知众甫之状哉？以此。

第二十二章

曲则全，枉则直，洼则盈，敝则新，少则得，多则惑。是以圣人抱一为天下式。不自见，故明；不自是，故彰；不自伐，故有功；不自矜，故长。夫唯不争，故天下莫能与之争。古之所谓"曲则全"者，岂虚言哉？诚全而归之。

第二十三章

希言自然。故飘风不终朝，骤雨不终日。孰为此者？天地。天地尚不能久，而况于人乎？故从事于道者同于道，德者同于德，失者同于失。同于道者，道亦乐得之；同于德者，德亦乐得之；同于失者，失亦乐得之。信不足焉，有不信焉。

第二十四章

企者不立，跨者不行，自见者不明，自是者不彰，自伐者无功，自矜者不长。其在道也，曰余食赘行，物或恶之，故有道者不处。

第二十五章

有物混成，先天地生。寂兮寥兮，独立而不改，周行而不殆，可以为天下母。吾不知其名，字之曰"道"，强为之名曰"大"。大曰逝，逝曰远，远曰反。故道大，天大，地大，王亦大。域中有四大，而王居其一焉。人法地，地法天，天法道，道法自然。

第二十六章

重为轻根，静为躁君。是以圣人终日行不离辎重。虽有荣观，燕处超然。奈何万乘之主，而以身轻天下？轻则失本，躁则失君。

第二十七章

善行，无辙迹；善言，无瑕谪；善数，不用筹策；善闭，无关楗而不可开；善结，无绳约而不可解。是以圣人常善救人，故无弃人；常善救物，故无弃物。是谓袭明。故善人者，不善人之师；不善人者，善人之资。不贵其师，不爱其资，虽智大迷。是谓要妙。

第二十八章

知其雄，守其雌，为天下谿。为天下谿，常德不离，复归于婴儿。知其白，守其黑，为天下式。为天下式，常德不忒，复归于无极。知其荣，守其辱，为天下谷。为天下谷，常德乃足，复归于朴。朴散则为器，圣人用之则为官长。故大制不割。

第二十九章

将欲取天下而为之，吾见其不得已。天下神器，不可为也。为者败之，执者失之。故物或行或随，或歔或吹，或强或羸，或载或隳。是以圣人去甚、去奢、去泰。

第三十章

以道佐人主者，不以兵强天下。其事好还：师之所处，荆棘生焉；大军之后，必有凶年。善有果而已，不敢以取强。果而勿矜，果而勿伐，果而勿骄，果而不得已，果而勿强。物壮则老，是谓不道，不道早已。

第三十一章

夫唯兵者，不祥之器，物或恶之，故有道者不处。君子居则贵左，用兵则贵右。兵者，不祥之器，非君子之器，不得已而用之，恬淡为上。胜而不美，而美之者，是乐杀人。夫乐杀人者，则不可以得志于天下矣。吉事尚左，凶事尚右。偏将军居左，上将军居右，言以丧礼处之。杀人之众，以哀悲莅之；战胜，以丧礼处之。

第三十二章

道常无名，朴虽小，天下莫能臣也。侯王若能守之，万物将自宾。天地相合，以降甘露，民莫之令而自均。始制有名，名亦既有，夫亦将知止。知止可以不殆。譬道之在天下，犹川谷之于江海。

第三十三章

知人者智，自知者明。胜人者有力，自胜者强。知足者富，强行者有志。不失其所者久。死而不亡者寿。

第三十四章

大道泛兮，其可左右。万物恃之而生而不辞，功成而不有。衣养万物而不为主，常无欲可名于小，万物归焉而不为主，可名为大，以其终不自为大，故能成其大。

第三十五章

执大象，天下往。往而不害，安平泰。乐与饵，过客止。道之出口，淡乎其无味，视之不足见，听之不足闻，用之不足既。

第三十六章

将欲歙之，必固张之；将欲弱之，必固强之；将欲废之，必固兴之；将欲夺之，必固与之。是谓微明。柔弱胜刚强。鱼不可脱于渊，国之利器不可以示人。

第三十七章

道常无为而无不为。侯王若能守之，万物将自化。化而欲作，吾将镇之以无名之朴。无名之朴，夫亦将不欲。不欲以静，天下将自定。

第三十八章

上德不德，是以有德；下德不失德，是以无德。上德无为而无以为；下德为之而有以为。上仁为之而无以为；上义为之而有以为。上礼为之而莫之应，则攘臂而扔之。故失道而后德，失德而后仁，失仁而后义，失义而后礼。夫礼者，忠信之薄而乱之首。前识者，道之华而愚之始。是以大丈夫处其厚，不居其薄；处其实，不居其华。故去彼取此。

第三十九章

昔之得一者：天得一以清，地得一以宁，神得一以灵，谷得一以盈，万物得一以生，侯王得一以为天下正。其致之也，谓天无以清，将恐裂；地无以宁，将恐废；神无以灵，将恐歇；谷无以盈，将恐竭；万物无以生，将恐灭；侯王无以正，将恐蹶。故贵以贱为本，高以下为基。是以侯王自谓孤、寡、不穀。此非以贱为本邪？非乎？故至誉无誉。不欲琭琭如玉，珞珞如石。

第四十章

反者，道之动。弱者，道之用。天下万物生于有，有生于无。

第四十一章

上士闻道，勤而行之；中士闻道，若存若亡；下士闻道，大笑之，不笑，不足以为道。故建言有之："明道若昧，进道若退，夷道若纇。上德若谷，大白若辱，广德若不足，建德若偷，质真若渝，大方无隅，大器晚成，大音希声，大象无形。"道隐无名。夫唯道，善贷且成。

第四十二章

道生一，一生二，二生三，三生万物。万物负阴而抱阳，冲气以为和。人之所恶，唯孤、寡、不穀，而王公以为称。故物或损之而益，或益之而损。人之所教，我亦教之："强梁者不得其死。"吾将以为教父。

第四十三章

天下之至柔，驰骋天下之至坚。无有入无间。吾是以知无为之有益。不言之教，无为之益，天下希及之。

第四十四章

名与身孰亲？身与货孰多？得与亡孰病？是故其爱必大费，多藏必厚亡。知足不辱，知止不殆，可以长久。

第四十五章

大成若缺，其用不弊。大盈若冲，其用不穷。大直若屈，大巧若拙，大辩若讷。躁胜寒，静胜热。清静为天下正。

第四十六章

天下有道，却走马以粪；天下无道，戎马生于郊。祸莫大于不知足，咎莫大于欲得。故知足之足，常足矣。

第四十七章

不出户，知天下；不窥牖，见天道。其出弥远，其知弥少。是以圣人不行而知，不见而名，不为而成。

第四十八章

为学日益，为道日损。损之又损，以至于无为。无为而无不为。取天下常以无事，及其有事，不足以取天下。

第四十九章

圣人无常心，以百姓心为心。善者，吾善之；不善者，吾亦善之，德善。信者，吾信之；不信者，吾亦信之，德信。圣人在天下，歙歙为天下浑其心，百姓皆注其耳目，圣人皆孩之。

第五十章

出生入死，生之徒十有三，死之徒，十有三，人之生、动之死地亦十有三。夫何故？以其生生之厚。盖闻善摄生者，陆行不遇兕虎，入军不被甲兵。兕无所投其角，虎无所措其爪，兵无所容其刃。夫何故？以其无死地。

第五十一章

道生之，德畜之，物形之，势成之。是以万物莫不尊道而贵德。道之尊，德之贵，夫莫之命而常自然。故道生之，德畜之，长之育之，亭之毒之，养之覆之。生而不有，为而不恃，长而不宰，是谓玄德。

第五十二章

天下有始，以为天下母。既得其母，以知其子，既知其子，复守其母，没身不殆。塞其兑，闭其门，终身不勤；开其兑，济其事，终身不救。见小曰明，守柔曰强。用其光，复归其明，无遗身殃，是为袭常。

第五十三章

使我介然有知，行于大道，唯施是畏。大道甚夷，而民好径。朝甚除，田甚芜，仓甚虚。服文彩，带利剑，厌饮食，财货有余，是为盗夸。非道也哉！

第五十四章

善建者不拔，善抱者不脱，子孙以祭祀不辍。修之于身，其德乃真；修之于家，其德乃余；修之于乡，其德乃长；修之于邦，其德乃丰；修之于天下，其德乃普。故以身观身，以家观家，以乡观乡，以邦观邦，以天下观天下。吾何以知天下然哉？以此。

第五十五章

含德之厚，比于赤子。蜂虿虺蛇不螫，猛兽不据，攫鸟不搏。骨弱筋柔而握固，未知牝牡之合而朘作，精之至也。终日号而不嗄，和之至也。知和曰常，知常曰明，益生曰祥，心使气曰强。物壮则老，谓之不道。不道早已。

99

第五十六章

知者不言，言者不知。塞其兑，闭其门；挫其锐，解其纷；和其光，同其尘。是谓玄同。故不可得而亲，不可得而疏；不可得而利，不可得而害；不可得而贵，不可得而贱。故为天下贵。

第五十七章

以正治国，以奇用兵，以无事取天下。吾何以知其然哉？以此：天下多忌讳，而民弥贫；民多利器，国家滋昏；人多伎巧，奇物滋起；法令滋彰，盗贼多有。故圣人云："我无为，而民自化；我好静，而民自正；我无事，而民自富；我无欲，而民自朴。"

第五十八章

其政闷闷，其民淳淳；其政察察，其民缺缺。祸兮福之所倚；福兮祸之所伏。孰知其极？其无正，正复为奇，善复为妖。人之迷，其日固久。是以圣人方而不割，廉而不刿，直而不肆，光而不耀。

第五十九章

治人事天莫若啬。夫唯啬，是谓早服。早服谓之重积德，重积德则无不克，无不克则莫知其极。莫知其极，可以有国。有国之母，可以长久。是谓深根固柢、长生久视之道。

第六十章

治大国，若烹小鲜。以道莅天下，其鬼不神。非其鬼不神，其神不伤人。非其神不伤人，圣人亦不伤人。夫两不相伤，故德交归焉。

第六十一章

大国者下流，天下之交，天下之牝。牝常以静胜牡，以静为下。故大国以下小国，则取小国；小国以下大国，则取大国。故或下以取，或下而取。大国不过欲兼畜人，小国不过欲入事人。夫两者各得其所欲。大者宜为下。

第六十二章

道者，万物之奥。善人之宝，不善人之所保。美言可以市尊，美行可以加人。人之不善，何弃之有！故立天子，置三公，虽有拱璧，以先驷马，不如坐进此道。古之所以贵此道者何？不曰以求得，有罪以免邪？故为天下贵。

第六十三章

为无为，事无事，味无味。大小多少，报怨以德。图难于其易，为大于其细。天下难事必作于易，天下大事必作于细。是以圣人终不为大，故能成其大。夫轻诺必寡信，多易必多难。是以圣人犹难之，故终无难矣。

第六十四章

其安易持，其未兆易谋；其脆易泮，其微易散。为之于未有，治之于未乱。合抱之木，生于毫末；九层之台，起于累土；千里之行，始于足下。为者败之，执者失之。是以圣人无为，故无败；无执，故无失。民之从事，常于几成而败之。慎终如始，则无败事。是以圣人欲不欲，不贵难得之货；学不学，复众人之所过。以辅万物之自然，而不敢为。

第六十五章

古之善为道者，非以明民，将以愚之。民之难治，以其智多。故以智治国，国之贼；不以智治国，国之福。知此两者亦稽式，常知稽式，是谓玄德。玄德深矣，远矣，与物反矣。然后乃至大顺。

第六十六章

江海所以能为百谷王者，以其善下之，故能为百谷王。是以圣人欲上民，必以言下之；欲先民，必以身后之。是以圣人处上而民不重，处前而民不害。是以天下乐推而不厌。以其不争，故天下莫能与之争。

第六十七章

天下皆谓我道大，似不肖。夫唯大，故似不肖。若肖，久矣其细也夫！我有三宝，持而保之：一曰慈，二曰俭，三曰不敢为天下先。慈，故能勇；俭，故能广；不敢为天下先，故能成器长。今舍慈且勇，舍俭且广，舍后且先，死矣。夫慈，以战则胜，以守则固。天将救之，以慈卫之。

第六十八章

善为士者不武；善战者不怒；善胜敌者不与；善用人者为之下。是谓不争之德，是谓用人之力，是谓配天，古之极也。

第六十九章

用兵有言："吾不敢为主而为客，不敢进寸而退尺。"是谓行无行，攘无臂，扔无敌，执无兵。祸莫大于轻敌，轻敌几丧吾宝。故抗兵相加，哀者胜矣。

第七十章

吾言甚易知，甚易行；天下莫能知，莫能行。言有宗，事有君。夫唯无知，是以不我知。知我者希，则我者贵。是以圣人被褐而怀玉。

第七十一章

知不知，上；不知知，病。夫唯病病，是以不病。圣人不病，以其病病，是以不病。

第七十二章

民不畏威，则大威至：无狎其所居，无厌其所生。夫唯不厌，是以不厌。是以圣人自知，不自见；自爱，不自贵。故去彼取此。

第七十三章

勇于敢，则杀；勇于不敢，则活。此两者，或利或害。天之所恶，孰知其故？是以圣人犹难之。天之道，不争而善胜，不言而善应，不召而自来，繟然而善谋。天网恢恢，疏而不失。

第七十四章

民不畏死，奈何以死惧之？若使民常畏死，而为奇者，吾得执而杀之，孰敢？常有司杀者杀。夫代司杀者杀，是谓代大匠斫。夫代大匠斫者，希有不伤其手矣。

第七十五章

民之饥，以其上食税之多，是以饥；民之难治，以其上之有为，是以难治。民之轻死，以其上求生之厚，是以轻死。夫唯无以生为者，是贤于贵生。

第七十六章

人之生也柔弱，其死也坚强。万物草木之生也柔脆，其死也枯槁。故坚强者死之徒，柔弱者生之徒。是以兵强则灭，木强则折。强大处下，柔弱处上。

第七十七章

天之道，其犹张弓与？高者抑之，下者举之；有余者损之，不足者补之。天之道，损有余而补不足，人之道则不然，损不足以奉有余。孰能有余以奉天下？唯有道者。是以圣人为而不恃，功成而不处，其不欲见贤。

第七十八章

天下莫柔弱于水，而攻坚强者莫之能胜，以其无以易之。弱之胜强，柔之胜刚，天下莫不知，莫能行。是以圣人云："受国之垢，是谓社稷主；受国不祥，是为天下王。"正言若反。

第七十九章

和大怨，必有余怨，安可以为善？是以圣人执左契，而不责于人。有德司契，无德司彻。天道无亲，常与善人。

第八十章

小国寡民。使有什伯之器而不用，使民重死而不远徙。虽有舟舆，无所乘之；虽有甲兵，无所陈之。使人复结绳而用之。甘其食，美其服，安其居，乐其俗。邻国相望，鸡犬之声相闻，民至老死，不相往来。

第八十一章

信言不美，美言不信。善者不辩，辩者不善。知者不博，博者不知。圣人不积，既以为人，己愈有；既以与人，己愈多。天之道，利而不害；圣人之道，为而不争。